Dependência e subdesenvolvimento

A transnacionalização do capital e a crise do desenvolvimento nacional em CELSO FURTADO

Dependência e subdesenvolvimento

A transnacionalização do capital e a crise do desenvolvimento nacional em CELSO FURTADO

JOÃO PAULO DE TOLEDO CAMARGO HADLER

Copyright © 2012 by João Paulo de Toledo Camargo Hadler

Grafia atualizada segundo o Acordo Ortográfico da Língua Portuguesa de 1990, que entrou em vigor no Brasil em 2009.

Publishers: Joana Monteleone/Haroldo Ceravolo Sereza/Roberto Cosso
Edição: Joana Monteleone
Editor assistente: Vitor Rodrigo Donofrio Arruda
Projeto gráfico e diagramação: João Paulo Putini
Capa: Sami Reininger/Allan Rodrigo
Revisão: Íris Morais Araújo
Assistente editorial: João Paulo Putini
Imagem de capa: Fotografia por Allan Rodrigo

Este livro foi publicado com o apoio da Fapesp

CIP-BRASIL. CATALOGAÇÃO-NA-FONTE
SINDICATO NACIONAL DOS EDITORES DE LIVROS, RJ

H148d

Hadler, João Paulo de Toledo Camargo
DEPENDÊNCIA E SUBDESENVOLVIMENTO – A TRANSNACIONALIZAÇÃO DO CAPITAL E
A CRISE DO DESENVOLVIMENTO NACIONAL EM CELSO FURTADO
João Paulo de Toledo Camargo Hadler
São Paulo: Alameda, 2012.
246p.

Inclui bibliografia
ISBN 978-85-7939-116-3

1. Furtado, Celso, 1920-2004. 2. 1. Desenvolvimento econômico
- Brasil. 2. Crise econômica. 3. Brasil - Política econômica. 4. Brasil -
Condições sociais. 5. Brasil - Condições econômicas. I. Título.

11-8213.   CDD: 338.981
                          CDU: 338.1(81)

                                          031906

ALAMEDA CASA EDITORIAL
Rua Conselheiro Ramalho, 694 – Bela Vista
CEP 01325-000 – São Paulo – SP
Tel. (11) 3012-2400
www.alamedaeditorial.com.br

Sumário

Prefácio 9

Introdução 25

Capítulo 1. A problemática do 35
desenvolvimento nacional

O debate sobre a formação e o desenvolvimento nacional 37

O pensamento de Celso Furtado (I) – 49
A formação econômica de uma Nação

A crise do nacional-desenvolvimentismo e o debate 87
sobre a dependência

Capítulo 2. A transnacionalização do capital e a crise 107
do desenvolvimento nacional

A gênese da transnacionalização do capital 109

A lógica da transnacionalização do capital 124

O pensamento de Celso Furtado (II) – 144
Da dependência ao desmonte da Nação

Capítulo 3. O desafio histórico da superação do 179
subdesenvolvimento na etapa do capitalismo
transnacionalizado

A superação do impasse histórico por meio 181
da vontade política

O impasse histórico do subdesenvolvimento 204
e os limites de sua crítica

Considerações finais 227

Referências bibliográficas 235

Agradecimentos 245

Portanto, é fácil inferir, que, na América Latina, o desenvolvimento não poderá ser simples resultante das forças que operam espontaneamente nos mercados. Somente a ação consciente e deliberada de órgãos centrais de decisão poderá levar adiante esse desenvolvimento. O que se chama correntemente a "revolução latino-americana" consiste na tomada de consciência desse problema e num esforço, ainda que disperso e descontínuo, visando a criar um sistema de instituições políticas capazes de superintender as mudanças sociais sem as quais o desenvolvimento não será viável. Como as atuais classes dirigentes não compreendem a natureza de um tal problema e se obstinam na manutenção do status quo, aqueles que, na América Latina, lutam efetivamente pelo desenvolvimento, desempenham, conscientemente ou não, um papel "revolucionário".

Celso Furtado, *Subdesenvolvimento e estagnação na América Latina* (1966).

A prova decisiva do economista ocorre quando ele deve reconhecer que os seus instrumentos de análise ou suas hipóteses explicativas são insuficientes em face de uma dada realidade. É comum que em tais casos o economista se afaste da realidade, como mecanismo de defesa contra a dolorosa sensação de insegurança que acarreta o ter que abandonar as trilhas mentais convencionais. Mas devemos reconhecer que é essa uma atitude profundamente antissocial.

Celso Furtado, *A pré-revolução brasileira* (1962).

Os filósofos não fizeram mais que interpretar o mundo de forma diferente; trata-se porém de modificá-lo.

Karl Marx, *Teses sobre Feuerbach* (1845).

Prefácio

DEPENDÊNCIA E SUBDESENVOLVIMENTO é uma reconstituição cuidadosa da interpretação de Celso Furtado sobre o caráter perverso do capitalismo contemporâneo e seus impactos devastadores sobre a periferia da economia mundial. O estudo coloca em evidência o impasse a que chega a reflexão furtadiana, polarizada entre dois extremos.

De um lado, as investigações de Furtado conduzem ao diagnóstico dramático sobre as condições extremamente adversas que condicionam o destino das economias periféricas na era do capitalismo pós-nacional. De outro, na contramão das tendências históricas desencadeadas pela transnacionalização do capital, Furtado insiste na esperança de que seja possível uma reconfiguração virtuosa da ordem econômica internacional, defendendo a alternativa de uma economia mundial baseada em relações de interdependência como base de uma globalização civilizada. A importância desta abordagem fica melhor balizada quando se considera a essência da teoria do subdesenvolvimento de Furtado; a extrema dificuldade do *status quo* em conviver com suas severas críticas; e a intensa, ainda que quase sempre velada, disputa sobre a atualidade e o significado de seu rico legado crítico.

A Economia Política de Celso Furtado é resultado de um esforço para compreender as condições objetivas e subjetivas que permitem o controle social dos fins e meios do processo de incorporação de progresso técnico na periferia do sistema capitalista mundial. Seu desafio é definir as bases econômicas, sociais e culturais necessárias para submeter a racionalidade instrumental, condicionada pela acumulação de capital, aos desígnios de uma racionalidade substantiva, baseada em valores democráticos e nacionalistas de uma burguesia civilizada. A utopia subjacente à sua noção de desenvolvimento funda-se na possibilidade de conciliar capitalismo, democracia e soberania nacional e supõe a existência de centros de poder com capacidade de comando para coordenar as iniciativas dos sujeitos econômicos e coibir a ação antissocial do capital.

A essência da teoria do desenvolvimento econômico de Furtado consiste em associar o aumento da riqueza da sociedade à reprodução de mecanismos endógenos de distribuição da renda entre salário e lucro. É a sistemática transferência de ganhos na produtividade do trabalho para salário real que gera uma simbiose virtuosa entre inovação e difusão do progresso técnico – o processo que constitui a mola propulsora do desenvolvimento endógeno. Avesso a toda forma de reducionismo econômico, que ignora os condicionamentos sociais e culturais do processo de geração, distribuição e utilização do excedente social, Furtado identifica os nexos de mútuo condicionamento entre expansão das forças produtivas, relações sociais e identidade cultural que permitem que os aumentos na eficiência econômica sejam acompanhados de elevação na capacidade de consumo da sociedade.

Em seu arcabouço teórico, a socialização dos aumentos da produtividade do trabalho é associada à presença de um relativo equilíbrio na correlação de forças entre capital e trabalho no mercado de trabalho. Para que tal condição se verifique, torna-se necessária a possibilidade de uma relação causal entre avanço da acumulação de capital e surgimento de escassez relativa de trabalho – base objetiva para a formação de uma classe operária capaz de lutar por aumentos sistemáticos de salário real. Isto significa que a socialização dos benefícios do progresso pelo conjunto da população requer uma relação de adequação entre o padrão de produtividade do trabalho implícito em cada tipo de tecnologia e as estruturas sociais que condicionam o modo de funcionamento do mercado de trabalho em cada formação social. Assim, distanciando-se do economicismo vulgar absolutamente hegemônico nos dias que correm, Furtado associa inextrincavelmente a pujança econômica de cada formação social e o caráter civilizador do progresso capitalista à reprodução de estruturas sociais relativamente equilibradas. A homogeneidade social torna-se, assim, elemento estratégico absolutamente fundamental do desenvolvimento econômico.

Ao vincular a especificidade da transformação capitalista à natureza da relação existente entre modo de participar na divisão internacional do trabalho, padrão de incorporação de progresso técnico, estruturas sociais e valores ideológicos que presidem o processo de acumulação em cada formação social, Furtado transforma o sistema econômico nacional na referência fundamental de sua teoria do desenvolvimento econômico. São dois os aspectos fundamentais que, a seu ver, definem a capacidade de uma determinada sociedade nacional controlar os fins e os meios das transformações capitalistas: a industrialização como coluna vertebral da economia nacional; e a submissão do processo de incorporação de progresso técnico a centros internos de decisão.

Como o debate sobre a regressão econômica veio para ficar, é oportuno lembrar que a concepção de industrialização de Furtado não se confunde com a mera existência de unidades industriais na economia nacional. A somatória de indústrias, que funcionam como departamentos estanques, desarticuladas umas das outras, respondendo a estímulos que se geram em mercados externos, não caracteriza a base material de uma economia nacional. A industrialização pressupõe pelo menos duas condições: 1) a constituição e a reprodução de forças produtivas que funcionem como um todo sistêmico, cuja base resida no dinamismo de uma indústria de bens de capital; e 2) a afirmação do mercado interno como horizonte estratégico dos investimentos, único meio de subordinar de maneira orgânica o crescimento econômico ao aumento da capacidade de consumo da sociedade nacional.

A importância decisiva de centros internos de decisão, com capacidade de definir objetivos estratégicos para a política econômica, baseados na busca do bem comum, e com instrumentos de intervenção na economia eficazes para concretizá-los, decorre da necessidade de assegurar a formação e a reprodução de estruturas sociais e institucionais que garantam que o resultado agregado das iniciativas privadas contemple as necessidades básicas do conjunto da população e as aspirações ideológicas do Estado nacional. Os centros internos de decisão devem, em consequência, não apenas ter força suficiente para impor-se como vontade coletiva no contexto internacional como também ter independência para enfrentar os interesses internos comprometidos com a perpetuação do subdesenvolvimento.

Preocupado em enfrentar as mazelas do subdesenvolvimento latino-americano, que comprometem o processo de formação de um sistema econômico nacional, Furtado atribui ao mimetismo cultural a causa fundamental do bloqueio que impede que o aumento da riqueza seja um instrumento de elevação do bem-estar do conjunto da população e de autonomia da sociedade nacional. Sua teoria do subdesenvolvimento explica a irracionalidade que caracteriza o processo de incorporação de progresso técnico nas economias dirigidas por "elites aculturadas" que, ignorando as limitações materiais de suas sociedades e desprezando as necessidades do conjunto da população, decidem mimetizar os estilos de vida das economias centrais. A impossibilidade objetiva de generalizar pelo conjunto do parque produtivo os padrões de produtividade do trabalho das economias centrais é responsável pelas graves heterogeneidades na produtividade do trabalho que caracterizam o aparelho produtivo das economias subdesenvolvidas. A impossibilidade material de generalizar pelo conjunto da população das economias periféricas os padrões de consumo de economias que possuem renda *per capita* muito superior é a causa fundamental da fratura social que divide radicalmente a sociedade subdesenvolvida entre ricos e pobres.

Em poucas palavras, o trabalho de Furtado mostra que o subdesenvolvimento resulta da discrepância entre as sofisticadas exigências de modernização das classes dominantes e a precariedade do grau de desenvolvimento das forças produtivas das economias latino-americanas. É a assimilação de uma tecnologia "inadequada" para as necessidades históricas do capitalismo dependente que perpetua as características fundamentais das economias subdesenvolvidas: *a heterogeneidade estrutural* – a existência de uma expressiva parcela do parque produtivo operando com baixíssimos níveis de produtividade do trabalho; *o desemprego estrutural* – a impossibilidade de absorver o conjunto da força de trabalho em atividades produtivas de elevada produtividade; *a heterogeneidade regional* – a presença de grandes contrastes na distribuição da riqueza econômica entre as regiões e no interior de cada região; e a *situação de dependência externa* – comercial, produtiva, financeira e, sobretudo, cultural – que impede que a sociedade latino-americana controle plenamente os fins e os meios do desenvolvimento econômico.

Em suma, em Furtado as relações de exploração econômica e dominação política responsáveis pela irracionalidade do processo de incorporação de progresso técnico associam numa unidade inextrincável estrutura centro-periferia, elites aculturadas, inadequação tecnológica, heterogeneidade estrutural, desemprego estrutural, concentração de renda e dependência. Este feixe de relações repousa, em última instância, na superexploração do trabalho. Em seu livro *O mito do desenvolvimento econômico* (Furtado, 1974: 94) a questão foi resumida nos seguintes termos:

> O subdesenvolvimento tem suas raízes numa conexão precisa, surgida em certas condições históricas, entre o processo interno de exploração e o processo externo de dependência. Quanto mais intenso o influxo

> de novos padrões de consumo, mais concentrada terá que ser a renda. Portanto, se aumenta a dependência externa, também terá que aumentar a taxa interna de exploração. Mais ainda: a elevação da taxa de crescimento tende a acarretar agravação tanto da dependência externa como da exploração interna. Assim, as taxas mais altas de crescimento, longe de reduzir o subdesenvolvimento, tendem a agravá-lo, no sentido de que tendem a aumentar as desigualdades sociais.

Mesmo ausente das bibliografias dos cursos de economia e marginalizado do debate público, o pensamento de Furtado é um fantasma que incomoda a burguesia. O motivo é simples. Como as causas do subdesenvolvimento não são resolvidas, a cada marco histórico os problemas se reapresentam com força redobrada. Na verdade, o desperdício de todas as oportunidades para superar o capitalismo dependente gerou um grave impasse histórico que ameaça o próprio futuro das economias latino-americanas enquanto sociedades nacionais, pois as profundas transformações do capitalismo contemporâneo ampliam o hiato que separa desenvolvimento de subdesenvolvimento e agravam as tendências estruturais que comprometem a capacidade de as economias dependentes controlarem o seu destino.

A tendência à reversão neocolonial manifesta-se em todas as dimensões da economia e da sociedade potencializando perigosamente as taras do subdesenvolvimento. A incorporação das novas tecnologias amplia a heterogeneidade estrutural da economia. A redução do multiplicador de emprego e o maior impacto do desemprego tecnológico intensificam o desemprego estrutural. O esforço para acompanhar o alucinante ritmo de modernização dos padrões de consumo das economias centrais acirra a concentração funcional da renda. O progressivo descompasso entre as crescentes exigências de escala mínima do progresso técnico e a limitada capacidade de consumo da sociedade periférica exacerba a tendência à estagnação, colocando em pauta o risco de um processo irreversível de regressão das forças produtivas. O controle avassalador das empresas transnacionais sobre as forças produtivas das economias periféricas enraíza a dependência externa. A revolução nas comunicações e nos transportes leva o mimetismo cultural ao paroxismo. A adaptação passiva das economias latino-americanas às novas tendências da divisão internacional do trabalho compromete o processo de industrialização e estimula um movimento perverso de reespecialização regressiva, acirrando a tendência a desequilíbrios externos. Por fim, o impacto devastador da mundialização do capital sobre os centros internos de decisão, reforçado pela hegemonia avassaladora da ideologia neoliberal, compromete a capacidade de as economias periféricas fazerem política econômica, deixando-as ao sabor dos humores dos mercados globais e do arbítrio das autoridades econômicas norte-americanas.

A crítica à irracionalidade do processo de modernização das economias latino-americanas acarreta implicações políticas inequívocas. Interessado não apenas em conhecer o subdesenvolvimento, mas, sobretudo, em superá-lo, Furtado deriva de sua teoria do subdesenvolvimento um amplo programa de "reformas estruturais". A necessidade ineludível de enfrentar a teia de interesses responsável pela perpetuação do subdesenvolvimento supõe a construção de uma vontade política nacional capaz de enfrentar não apenas o poder econômico

DEPENDÊNCIA E SUBDESENVOLVIMENTO

e político das potências imperialistas e das empresas transnacionais responsáveis pela assimetria do sistema capitalista mundial, como também a sua contraface interna: o poder econômico e político de uma plutocracia nacional comprometida com os negócios abertos pelos investimentos estrangeiros e obcecadas em copiar os estilos de vida dos centros desenvolvidos. Em sua essência, as mudanças propostas articulam-se em torno de um vetor fundamental: criar as condições materiais, sociais e culturais para melhorar a distribuição funcional da renda e aumentar a autonomia nacional – único meio de integrar o conjunto da população nas benesses da modernidade e de graduar o sentido, ritmo e intensidade do processo de incorporação de progresso técnico levando em consideração as necessidades do conjunto da população, as efetivas possibilidades materiais da economia nacional e as aspirações que brotam da identidade cultural de cada formação social.

O caráter nacionalista e democrático do pensamento de Furtado colocou-o em rota de colisão com os interesses reacionários da burguesia brasileira. Ao optar pela via conservadora de consolidação da revolução burguesa, a linha de menor resistência e o caminho político menos arriscado para impulsionar o desenvolvimento capitalista no elo fraco do sistema, as classes dominantes fecharam-se para qualquer tipo de reforma social progressista. Nesse contexto, toda crítica torna-se uma ameaça intolerável.

Afastado da vida pública brasileira pela ditadura militar em 1964, enquanto esteve vivo, Furtado nunca foi efetivamente reabilitado pelo *establishment*. No início da Nova República, a sua presença no Ministério da Cultura do governo Sarney serviu antes para neutralizar a sua influência na orientação dos rumos da política econômica, naquele momento, submetida à forte pressão dos organismos financeiros internacionais, do que para reintroduzir suas teses reformistas na pauta da sociedade brasileira. Nos anos 1990, em pleno frenesi neoliberal, sua Economia Política chegou a ser explicitamente renegada por um dos expoentes da equipe econômica de FHC que, do alto de seu posto de presidente do Banco Central, estigmatizou-o como expressão de um anacronismo doutrinário inaceitável.

Após a ascensão do governo Lula a relação do *status quo* com Furtado se inverte, sobretudo depois de seu falecimento em 2004. Definitivamente apartado da vida nacional, a sua figura passa a ser reivindicada formalmente como uma das referências do Brasil moderno e sua imagem passa a ser ostensivamente associada ao Estado brasileiro. A operação ideológica para transformá-lo num prócer da Nação em nada altera, no entanto, a essência da dificuldade do *establishment* em conviver com suas severas críticas. Antes de implicar uma retomada da agenda reformista, Furtado é reivindicado para dissimular o absoluto abandono de toda e qualquer preocupação com as mudanças estruturais que seriam fundamentais para romper com o círculo vicioso do subdesenvolvimento. Ao Estado interessa apenas o brilho de Furtado. O culto a sua personalidade é uma medida compensatória para dar um verniz progressista e nacionalista a políticas que intensificam as desigualdades sociais e aprofundam a inserção passiva do Brasil na ordem global.

A luta pelo espólio intelectual de Furtado tem sido polarizada entre dois extremos que se diferenciam em relação à forma de interpretar o significado de sua contribuição. O *establishment* procura apropriar-se de Furtado para destituí-lo de seu caráter crítico; os que não aceitam a naturalização da desigualdade esforçam-se para ir além de Furtado, aprofundando e radicalizando a sua crítica ao capitalismo dependente.

A fim de neutralizar a ameaça que significa Furtado para ordem estabelecida, o *status quo* desdobra-se para separar a figura de Furtado do conteúdo de seu pensamento, numa ação ideológica que mal disfarça a intenção de "abraçar o personagem para abafar suas ideias". A ênfase apologética em passagens biográficas, o enaltecimento de seus dotes intelectuais, a difusão de sua vasta iconografia ao lado de grandes personalidades da história contemporânea, a lembrança de sua retidão moral, a reconstituição de sua gloriosa carreira acadêmica nas universidades europeias e norte-americanas, o acúmulo de depoimentos laudatórios, as evidências de seu amplo reconhecimento internacional, em detrimento de uma discussão franca e aberta sobre a substância de sua interpretação crítica da realidade e suas consequências práticas, são operações simbólicas que cumprem o papel de metamorfosear o aguerrido intelectual crítico, comprometido com as reformas sociais, em personagem oficial, cuja contribuição positiva, já devidamente depurada de seus "exageros românticos", teria sido digerida pelo Estado brasileiro. A fusão da figura de Furtado com a ordem injusta que ele tanto condenou cumpre uma dupla função: eliminar qualquer resquício de crítica ao subdesenvolvimento e dissimular o caráter fortemente elitista da sociedade brasileira. O objetivo deste processo *sui generis* de cooptação *post-mortem* é forjar um Furtado oficial, identificado com a ordem estabelecida, que passaria a enriquecer a galeria de próceres nacionais, alimentando a mitologia do Brasil como Nação civilizada com um destino manifesto. Ao reconhecer o valor de Furtado como personalidade histórica, o *establishment* arvora-se na autoridade de arbitrar e codificar o "verdadeiro" significado de sua contribuição teórica, destituindo-a de seu caráter antagônico com as estruturas externas e internas que sustentam e reproduzem o subdesenvolvimento e a dependência. Ao encampar oficialmente Furtado como personalidade histórica, o *status quo* camufla o caráter selvagem – antissocial, antidemocrático e antinacional – do capitalismo brasileiro.

No meio acadêmico, a apropriação de Furtado confunde-se com a desconstrução do caráter crítico de sua reflexão. Reivindica-se o intelectual erudito para negar a existência do intelectual crítico. Ao estabelecer uma apreciação parcial e formal de sua contribuição ao conhecimento da realidade latino-americana, em detrimento dos problemas substantivos levantados pela sua teoria do subdesenvolvimento, a sabedoria convencional submete o pensamento de Furtado a uma série de violências que acabam por distorcer completamente seu significado histórico. O processo de desconstrução avança pela combinação de três movimentos: a desvinculação de seu pensamento da realidade específica que o engendrou – o capitalismo dependente; a separação dos aspectos formais de sua teoria da substância de sua contribuição – a crítica à modernização dos padrões de consumo; e, finalmente, a ruptura do nexo de causa e efeito entre a teoria do subdesenvolvimento e as suas consequências práticas – a necessidade de reformas estruturais. O resultado é a eliminação de seu conteúdo crítico ou, quando muito, sua redução a aspectos tópicos e residuais. Divorciado dos constrangimentos históricos que o condicionam, separado do fardo da crítica social e dos perigos da ação

DEPENDÊNCIA E SUBDESENVOLVIMENTO

política, o pensamento de Furtado perde toda a força crítica e fica apto para a investigação científica imparcial. Afastado das paixões ideológicas e distante das lutas de classe, converte-se em objeto de estudo acadêmico como outro qualquer, aberto a múltiplos pontos de vista que vão apurar cientificamente sua contribuição positiva para a ciência econômica.

Nesse contexto, chama a atenção o esforço de alguns nostálgicos do desenvolvimento nacional que ainda sonham com a possibilidade de civilizar o capitalismo dependente. Sem questionar as estruturas internas e externas que submetem a economia brasileira às exigências da ordem global, buscam inspiração em Furtado para fundamentar um neodesenvolvimentismo extemporâneo que nunca se converte em realidade. Ignorando as tendências tectônicas que solapam a autonomia dos Estados Nacionais, tendências que se manifestam com força máxima no elo fraco do sistema capitalista mundial, insistem em recuperar o papel estratégico do poder público como artífice do desenvolvimento, na esperança de que, com o amparo de uma política econômica adequada, seja possível retomar o processo de industrialização e resgatar o desenvolvimento em bases nacionais ou, ao menos, sob controle nacional. Ao lançar mão de elementos isolados do programa econômico de Furtado e desvinculá-los de uma análise concreta do marco histórico que condiciona o raio de liberdade da economia periférica, os saudosistas tornam-se mais realistas do que o rei. Se tivessem feito uma leitura rigorosa como a de João Paulo de Toledo Camargo Hadler, não teriam ignorado as advertências do próprio Furtado em relação à absoluta impossibilidade de combinar dependência e desenvolvimento e, muito menos ainda, de voltar ao desenvolvimento nacional.

Para que o rico legado de Furtado não seja esterilizado por um processo de assimilação acadêmica que nega a própria problemática do subdesenvolvimento – a quintessência de sua contribuição à Economia Política –, é fundamental que seu pensamento seja resgatado na sua integralidade para, então, ser submetido ao crivo de uma avaliação crítica que, sem negar a importância de seu aporte para o conhecimento do capitalismo dependente na América Latina, revele as insuficiências, as contradições e os impasses de suas interpretações teóricas e históricas. O desafio é triplo: 1) mostrar os limites analíticos de sua teoria do subdesenvolvimento e a parcialidade de suas interpretações históricas; 2) equacionar teórica e historicamente a gênese e a reprodução do capitalismo dependente como formação social *sui generis*, associada indissoluvelmente ao caráter desigual e combinado do desenvolvimento capitalista em escala mundial; e 3) evidenciar a impossibilidade objetiva e subjetiva de superar o subdesenvolvimento nos marcos de um sistema capitalista mundial particularmente adverso para os povos da periferia e identificar as tendências históricas que geram a necessidade, a possibilidade e o sujeito da revolução brasileira.

Longe da apologética empobrecedora, *Dependência e subdesenvolvimento* enquadra-se inquestionavelmente nessa perspectiva crítica. O livro recupera o pensamento de Furtado no esplendor de sua lucidez. Sistematizando uma reflexão surpreendentemente atual, mas que tem sido propositalmente mantida à sombra, João Paulo de Toledo Camargo Hadler mostra um Furtado que, sem se apegar a esquemas teóricos pré-concebidos e sem se acomodar em explicações consagradas, chega à conclusão de que a cristalização de um espaço economico transnacional livre de regulação estatal solapa definitivamente as bases objetivas e subjetivas do desenvolvimento, provocando uma gravíssima crise de civilização. Nas economias periféricas, o novo marco histórico gera uma tendência à reversão neocolonial. O fulcro de *Dependência e subdesenvolvimento* é mostrar o terrível impasse a que chega Furtado quando defende que não está fora do alcance vencer o subdesenvolvimento nos marcos do próprio capitalismo pós-nacional. Para João Paulo de Toledo Camargo Hadler, o calcanhar de Aquiles da Economia Política de Furtado é a crescente distância que separa a sua interpretação rigorosa sobre o caráter regressivo e predatório do processo de transnacionalização do capital e a sua fé inabalável na possibilidade de uma autossuperação que rompa a marcha insensata que empurra a Humanidade para a barbárie. Ao explicitar a incongruência entre as conclusões das investigações históricas de Furtado e a sua proposta utópica para enfrentar a realidade, *Dependência e subdesenvolvimento* contribui para esclarecer o alcance e limite da Economia Política de um dos expoentes das ciências sociais latino-americana.

Plínio de Arruda Sampaio Júnior,
professor do Instituto de Economia da Unicamp
Julho, 2011

Introdução

A TEMÁTICA DO DESENVOLVIMENTO ECONÔMICO nunca deixou de estar presente no debate intelectual latino-americano. Essa problemática tem sido uma constante no âmbito do pensamento crítico, ainda que a tomada de consciência do subdesenvolvimento como fenômeno estrutural já complete meio século. Ela emerge com força no período pós-guerra, quando a questão do desenvolvimento apresenta-se de fato como um problema prático da periferia, e não como seu destino inevitável. Mas se o livre jogo das forças de mercado não trouxera o progresso como propunha a economia convencional, tampouco as experiências de autodeterminação que buscaram reproduzir o capitalismo industrial foram capazes de extirpar os traços de subdesenvolvimento das sociedades latino-americanas.

A década de 1960 revelou a incapacidade de reproduzir, na América Latina, as experiências capitalistas bem-sucedidas, com o esgotamento do processo de industrialização por substituição de importações. As formulações desenvolvimentista e da Cepal (Comissão Econômica para a América Latina) mostraram-se limitadas, pois a industrialização não engendrou sistemas econômicos nacionais autônomos, preservando as mazelas do subdesenvolvimento. No plano político, seguiu-se uma onda de reação conservadora e autoritária às propostas de reformas estruturais e às mobilizações populares do período. Ou seja, manifestava-se abertamente a impossibilidade de conciliar capitalismo, democracia e soberania nos marcos do subdesenvolvimento, cujo processo de industrialização só avançou quando ancorado no acirramento da desigualdade e da dependência.

É a partir de meados da década de 1960 que a questão do desenvolvimento nacional passa a ser percebida como inequivocamente vinculada às transformações do sistema capitalista mundial em seu conjunto. A transnacionalização do capital, primeiramente com a emergência das empresas transnacionais no cenário mundial e seu avanço rumo aos mercados da periferia latino-americana, trouxe novas perspectivas – e desafios – ao desenvolvimento capitalista periférico. Onde o processo de industrialização conseguiu avançar mais na região, ele o fez com base no crescente controle estrangeiro dos setores mais dinâmicos do sistema produtivo, como parte de um momento específico da evolução do capitalismo. O período pós-guerra foi marcado pela "reintegração" da economia mundial, sob a hegemonia estadunidense, com o processo de transnacionalização do capital. As empresas transnacionais, vetores desse processo, passam a se direcionar também para a periferia latino-americana, visando a conquista de mercados propiciados pelas bases materiais da industrialização substitutiva. Enfim, tratou-se de um novo ciclo expansivo do sistema capitalista mundial.

Quando o processo de transnacionalização, por suas próprias contradições, se metamorfoseia em globalização

DEPENDÊNCIA E SUBDESENVOLVIMENTO

financeira, impondo uma nova lógica que teria sua expressão político-ideológica no neoliberalismo, a realidade se revela ainda mais dura. A América Latina é lançada na crise da dívida e na instabilidade macroeconômica dos anos 1980, da qual só sai quando o projeto neoliberal torna-se hegemônico e a região se abre ao capital financeiro de caráter especulativo. Refém do grande capital, entra em uma nova armadilha, que conduz ao desmonte do aparelho de intervenção estatal, à desestruturação das finanças públicas e à privatização e desnacionalização de setores estratégicos. O desemprego estrutural e a precarização das relações de trabalho, o risco de desindustrialização ou rompimento das cadeias produtivas, o descontrole sobre os problemas sociais, a subordinação da política econômica às necessidades de valorização do grande capital, a instabilidade latente posta pelo capital especulativo etc. impuseram-se como devastadora realidade ao continente, do qual nem as economias mais diversificadas e integradas, como o Brasil, logram escapar totalmente.

Surge a necessidade de explicar as novas características do desenvolvimento na América Latina, que reedita os vínculos de dependência, e de avaliar quais os impactos da transnacionalização do capital sobre o processo de formação nacional. Ou seja, trata-se de reavaliar quais são as possibilidades de superar o subdesenvolvimento e de completar a transição para uma nação autodeterminada, sob a nova configuração do capitalismo mundial. É esse o desafio sobre o qual se debruçou Celso Furtado, economista que sempre foi referência em se tratando da problemática do desenvolvimento nacional, um dos expoentes da Cepal e do nacional-desenvolvimentismo, mas sobretudo exemplar no exercício do pensamento crítico.

A trajetória intelectual de Furtado se define por um projeto de democratização dos fundamentos econômicos e sociais do país, por meio de uma vontade política reformadora.[1] Busca identificar as bases técnicas e econômicas de uma sociedade nacional e a racionalidade que preside a industrialização, fundamento de um sistema econômico nacional.[2]

Na medida em que a própria História tratou de pôr à prova suas concepções anteriores ao golpe de 1964, de que o Brasil já se encontrava na trilha certa para chegar a ser uma nação industrial moderna, Furtado aprofunda sua crítica à própria industrialização substitutiva e explicita os nexos de mútua determinação entre persistência do subdesenvolvimento e dependência externa. Procurando identificar o sentido e o horizonte de possibilidades de nosso processo de industrialização, Furtado tenta apreender a especificidade do subdesenvolvimento, não apenas em suas estruturas particulares, mas em suas relações com o sistema capitalista mundial e, sobretudo, com as economias centrais. Particularmente no período recente, a relação passa a ser mediada pelas empresas transnacionais, agentes das grandes transformações do capitalismo contemporâneo, e a elas Furtado passa a dedicar especial atenção. Denunciando o mimetismo de nossas elites e sua ligação umbilical com os anacronismos sociais e o capital financeiro internacional, assim como a precariedade da sociedade e economia dependente enquanto elo fraco de um sistema capitalista mundial em crise, o pensamento de Celso Furtado guarda plena atualidade.

---

1 Cf. Guimarães (2000).

2 Cf. Sampaio Jr. (1999: 72).

DEPENDÊNCIA E SUBDESENVOLVIMENTO

Nosso objetivo é reconstituir esses novos rumos percorridos pelo pensamento de Celso Furtado, isto é, sua reinterpretação acerca dos limites e possibilidades do desenvolvimento nacional à luz do capitalismo mundializado. Ou, por outros termos, de que modo se explicita a crise do desenvolvimento nacional a partir da ascensão das corporações transnacionais no cenário mundial, de maneira a repor e aprofundar as relações entre dependência e subdesenvolvimento, limitando extraordinariamente tanto a capacidade dos países periféricos de escapar às sobredeterminações do capitalismo mundial quanto as possibilidades do capital estrangeiro, por si só, contribuir positivamente para a economia nacional. Longe de querer explorar as nuances dos marcos teórico e conceitual a partir dos quais Furtado trabalha, pretendemos ressaltar as continuidades em seu pensamento e como, a partir de algumas categorias centrais, compõe um esquema analítico coerente para dar conta daquela problemática.[3] Por fim, é nossa intenção colocar em evidência o verdadeiro impasse a que chega Furtado para dar uma resposta aos dilemas do capitalismo dependente, conforme o processo de transnacionalização do capital segue solapando cada uma das premissas históricas do desenvolvimento autocentrado.

No momento atual do capitalismo, em que estoura uma crise de grandes proporções no próprio coração do sistema capitalista mundial, todas suas contradições e seus efeitos deletérios sobre as economias nacionais – da periferia e mesmo

---

3 Remetemos os interessados nas mudanças ao longo da trajetória intelectual de Furtado a Mallorquin (2005). Outras referências de interesse são fornecidas na nota 15 do primeiro capítulo do presente trabalho.

do centro do sistema – vêm à tona. Desse modo, faz-se necessário reconsiderar seus impactos sobre a América Latina. Não poderia ser mais oportuno e mais justificável, portanto, recuperar uma das grandes contribuições para a compreensão do desenvolvimento capitalista periférico, enquanto condicionado pela evolução do capitalismo global, que foi a obra de Celso Furtado. Tal contribuição pode apontar não apenas os limites daquele desenvolvimento, como também as possibilidades de transcendê-lo, viabilizando um projeto de desenvolvimento orientado para a satisfação das mais prementes necessidades sociais e para a superação do subdesenvolvimento.

No primeiro capítulo, apresentamos as formulações centrais no pensamento de Furtado, que são as noções de desenvolvimento e subdesenvolvimento, assim como os limites e as possibilidades de superação do subdesenvolvimento por meio da industrialização substitutiva. Procuramos ressaltar o otimismo de Furtado quanto às perspectivas de o Brasil transitar definitivamente para a condição de economia nacional autônoma, tendo como foco suas principais obras redigidas até os instantes imediatamente posteriores ao golpe de Estado de 1964.[4] Para tanto, procuramos situar a contribuição de Furtado no âmbito do debate sobre o desenvolvimento nacional que vinha transcorrendo até então, onde predominava um determinado conjunto de proposições que veio a se designar como nacional-desenvolvimentismo. Ainda nesse capítulo, apontamos as transformações pelas quais vinha passando o capitalismo mundial, notadamente com a emergência das empresas transnacionais, colocando a necessidade de

---

4 Basicamente, de Furtado (1959) a Furtado (1966).

reinterpretar o lugar, o caráter e as possibilidades do desenvolvimento nacional na periferia capitalista. Após a implantação da ditadura militar e a vitória do desenvolvimento associado, o debate muda de orientação, voltando-se para a questão da dependência. É a partir desse contexto que se introduzem as modificações no pensamento de Furtado, sobretudo quanto ao caráter da industrialização periférica.

No segundo capítulo, portanto, passamos à problemática central das tremendas dificuldades interpostas ao desenvolvimento capitalista nacional pelo processo de transnacionalização do capital. Para tanto, passamos rapidamente pela interpretação de Furtado sobre as origens e o significado desse processo, destacando a retomada da supremacia do capital sobre a sociedade a partir da lógica de atuação das grandes empresas, impelidas a se transnacionalizar e escapar às restrições impostas pelo Estado e pela classe trabalhadora organizada. É a partir dessas circunstâncias, com o debilitamento dos Estados nacionais e dos sindicatos, que se apresenta o problema da decomposição dos sistemas econômicos nacionais em geral e, em particular, do modelo clássico de desenvolvimento de Furtado. Com isso se abre a discussão a respeito do desenvolvimento na periferia do capitalismo, tendo como fio condutor o conceito de modernização dos padrões de consumo, que Furtado elabora e integra a seu corpo teórico a partir dos anos 1970, com sua reavaliação do caráter da industrialização periférica.[5] Procuramos mostrar de que maneira o processo de transnacionalização do capital vai corroendo cada um dos pressupostos do desenvolvimento ancorado no

---

5 A noção de modernização dos padrões de consumo só aparece, de fato, em Furtado (1972). O conceito é rigorosamente enunciado em Furtado (1974).

espaço econômico nacional, sobretudo nos marcos do subdesenvolvimento. Constitui-se um padrão de acumulação baseado na superexploração do trabalho periférico, que é funcional tanto às empresas estrangeiras quanto às classes dominantes locais, colonizadas culturalmente, que precisam manter e aprofundar a concentração de renda de maneira a financiar seu consumismo. O subdesenvolvimento passa a se reproduzir ampliadamente, colocando em risco o projeto de Nação.

No terceiro capítulo, pretendemos apontar de que maneira Furtado responde ao desafio colocado pelo quadro traçado no capítulo precedente, apontando para a necessidade premente de modificar o próprio curso da civilização industrial. Mas, longe de propor uma ruptura com o capitalismo mundial, Furtado pretende que a superação do subdesenvolvimento passe por uma mudança institucional a nível supranacional, que recoloque o capital internacional sob as rédeas da sociedade, e de uma mudança qualitativa nas relações da periferia com as empresas transnacionais, em que se expurgue a dependência cultural e se reoriente a industrialização para a consolidação e ampliação do mercado interno. A questão se resume à combinação de vontade política e de racionalidade substantiva. Nesse sentido, pretendemos apontar as dificuldades com que cada uma das tentativas de superação do subdesenvolvimento esbarram, face a um sistema capitalista mundial fortemente hierarquizado e heterogêneo, e a corporações transnacionais que controlam os meios e subvertem os fins do desenvolvimento. É nossa intenção, ainda, sugerir que os obstáculos levantados se inscrevem no próprio modo de funcionamento do capitalismo mundial em sua etapa atual de globalização dos negócios, que Furtado aprende de forma magistral, mas que encara tão somente como contingências históricas. Assim, evidenciam-se limites no pensamento de Celso Furtado, que o colocam em um impasse, em que suas propostas de superação do subdesenvolvimento não mais encontram os sujeitos históricos e as possibilidades materiais de sua realização, face à incontrolabilidade e destrutividade do capital no momento histórico em curso.

Nas considerações finais, retomaremos as principais ideias propiciadas pela reconstituição da interpretação de Furtado acerca da crise do desenvolvimento nacional, como posta pela transnacionalização do capital, assim como as perspectivas de desarticulação dos nexos que reproduzem, ampliadamente, subdesenvolvimento e dependência nesse contexto. Indicaremos, ainda, qual o sentido que deve ter a crítica e a superação do limites do pensamento de Celso Furtado, que se expressam justamente em sua dificuldade de reconhecer os limites do capitalismo dependente. O propósito mesmo é extrair toda a força transformadora que se encontra subjacente àquele pensamento. Por fim, esboçaremos algumas linhas de ação que podem ser apreendidas a partir da obra de Celso Furtado, levando em consideração suas próprias limitações. Enfim, apontamos para a tarefa crucial da superação do subdesenvolvimento, mediante a supressão do próprio regime capitalista, como alternativa à barbárie.

Capítulo 1

A problemática do desenvolvimento nacional

Trinta anos de profundas transformações fizeram de uma simples constelação de economias periféricas do mercado mundial, com a dinâmica típica de um sistema colonial, uma economia industrial cujo processo de crescimento se traduz em diferenciação crescente, a níveis altos de produtividade, de uma estrutura cada vez mais complexa.

Celso Furtado, *A pré-revolução brasileira* (1962).

O debate sobre a formação e o desenvolvimento nacional

NO BRASIL, O INÍCIO DA DÉCADA DE 1960 foi marcado pelo esgotamento do processo de substituição de importações e pela crise do projeto nacional-desenvolvimentista que havia embalado as esperanças da esquerda até então. A ideia de que a industrialização, ou a plena constituição do capitalismo brasileiro, seria a resposta para os males do subdesenvolvimento e para a definitiva afirmação do país como uma nação autônoma tinha grande proeminência.[1] Essa noção foi o fundamento de uma ampla produção intelectual que abrange desde intelectuais vinculados à Cepal até aqueles ligados ao Partido Comunista.

---

1 De acordo com Bielschowsky (1991), entende-se desenvolvimentismo como sendo "a ideologia de transformação da sociedade brasileira definida por um projeto econômico" fundamentado na concepção de industrialização como único meio de superação do subdesenvolvimento e no intenso apoio e planejamento estatal para viabilizar esse processo (Bielschowsky, 1991: 72-73).

A questão central por trás dessa proposta dizia respeito à possibilidade de se reproduzir nos países periféricos, no Brasil em particular, um desenvolvimento capitalista nos moldes daquele que estava na base das nações mais avançadas. Nesse caso, a problemática do desenvolvimento econômico se confundia com a da formação da nação, a partir da constatação de que a condição de subdesenvolvimento se vinculava a uma posição subordinada no sistema de divisão internacional do trabalho.[2] Uma tal posição tolhia a autodeterminação dessas economias e reproduzia estruturas anacrônicas responsáveis pelas profundas desigualdades típicas do subdesenvolvimento.

A emancipação nacional, a ruptura com os vínculos externos de dominação e dependência, era condição fundamental para o desenvolvimento econômico, e simultaneamente, a afirmação da autonomia nacional tinha como requisito a constituição de um sistema econômico nacional, de uma estrutura produtiva que permitisse a endogeneização dos estímulos ao crescimento. O processo de industrialização corresponderia à constituição dessas bases materiais da nação. Enfim, havia um certo consenso em torno à possibilidade de um desenvolvimento capitalista nacional no Brasil, tendo como pré-condição a ruptura dos vínculos de dependência externa.

De modo geral, esse era o eixo em torno do qual se procurava equacionar a problemática do desenvolvimento e da formação, no âmbito da esquerda política e da heterodoxia

---

2   Como lembra Mallorquin (2005), a constatação do subdesenvolvimento como problema liga-se ao contexto do pós-guerra – incluindo-se aí tanto a difusão da Segunda Revolução Industrial quanto da dita "revolução keynesiana", com a derrocada da ordem liberal. Cf. Mallorquin (2005: 26-29).

DEPENDÊNCIA E SUBDESENVOLVIMENTO

econômica. Desse modo, o esforço teórico dirigia-se prioritariamente à identificação dos pressupostos do desenvolvimento capitalista em bases nacionais, a partir da peculiaridade de nossa formação histórica colonial e de nossa posição no sistema capitalista mundial, enquanto economia subdesenvolvida. Em outros termos, de que maneira subordinar o processo de acumulação capitalista às necessidades da sociedade nacional. Aqui reside a essência da problemática do desenvolvimento nacional.[3] Por aí se compreendem as formulações da teoria do desenvolvimento, na América Latina corporificada no pensamento cepalino e em suas proposições de política econômica, e igualmente as estratégias de ação da esquerda comunista no continente.

Até o início dos anos 1960, a realidade parecia vir confirmando a proposição teórica. No Brasil, em especial, entre os países latino-americanos que mais avançaram na industrialização substitutiva, haviam ocorrido não poucas transformações, tendo no mínimo se constituído um sistema industrial relativamente

---

3 Cf. Sampaio Jr. (1999), cap. 2, para uma introdução à problemática do desenvolvimento capitalista nacional. Aqui é conveniente fazer a distinção entre *desenvolvimento capitalista* e *desenvolvimento capitalista nacional*. Na definição de Palma: "El desarrollo capitalista es, esencialmente, un proceso de acumulación de capital que a medida que evoluciona induce modificaciones en la composición de las fuerzas productivas, en la asignación de recursos, en las relaciones de clase y en el carácter y naturaleza del Estado. Es decir, a medida que evoluciona induce modificaciones en las diferentes estructuras de la sociedad" (Palma, 1981: 58). Enquanto que, por outro lado, de acordo com Sampaio Jr.: "O desenvolvimento capitalista de um país só pode ser pensado como um processo autodeterminado quando a acumulação de capital é um instrumento de aumento progressivo da riqueza e do bem-estar do conjunto da sociedade e o espaço econômico nacional é uma plataforma sobre a qual se apoia o movimento de acumulação de capital" (Sampaio Jr., 1999: 77).

39

diversificado e integrado, com correspondentes mudanças na estrutura social e política – a despeito dos problemas que virão a se explicitar com toda força na entrada daquela década. O otimismo parecia justificável, no final das contas. Impunha-se superar definitivamente os obstáculos ao desenvolvimento. Nos termos do debate da intelectualidade de esquerda, que se desenrola até o golpe de 1964, a preocupação com a formação das bases econômicas de uma Nação autônoma, tendo em vista a aceleração do processo histórico que o país vinha conhecendo, traduzia-se na discussão sobre o caráter da Revolução Brasileira.[4]

Tanto para a Cepal quanto para o marxismo oficial do Partido Comunista Brasileiro (PCB), ainda que partindo de premissas distintas, o principal obstáculo ao desenvolvimento era representado pela posição subordinada na economia

---

4 Como aponta Dória (1998), o conceito de Revolução Brasileira por si só requer um estudo a parte. As formulações teóricas em torno dessa noção remontam aos anos 1920 (Del Roio, 2000: 71 e ss.). Mas, seguindo aquele mesmo autor, pode se entender a revolução brasileira, em termos muito genéricos, como o desenvolvimento vindouro da nossa sociedade (Dória, 1998: 254). Segundo Caio Prado Jr.: "A revolução brasileira [...] se constitui no complexo de transformações em curso ou potenciais, que dizem respeito à estrutura econômica, social e política do país, e que, contidas e reprimidas pela inércia natural a toda situação estabelecida, se desenrolam de maneira excessivamente lenta e não logram chegar a termo" (Prado Jr., 1966: 116). Para Nelson Werneck Sodré, trata-se do "processo de transformação, que o nosso país atravessa, no sentido de superar as deficiências originadas de seu passado colonial e da ausência da revolução burguesa no seu desenvolvimento histórico" (citado por Dória, 1998: 294). Sobre a teoria da revolução brasileira, desde seus primórdios, sobretudo enquanto identificada à revolução burguesa, cf. Del Roio (2000). Ver também Dória (1998). Para a crítica e a conceituação de Caio Prado, ver Prado Jr. (1966), cap. I e II. Em Celso Furtado, há suas reflexões em *A pré-revolução brasileira* (Furtado, 1962), especialmente cap. 1. Cf. Furtado (1964), primeira parte, cap. 6.

mundial, vindo em seguida a estrutura agrária anacrônica, nexo interno da subordinação externa. Na perspectiva do PCB,[5] a situação de atraso material dos países periféricos se devia à ação do imperialismo, que procurava reter essas regiões enquanto fornecedoras de produtos primários para sustentar a acumulação de capital nos países centrais. Internamente, o imperialismo tinha como aliados as oligarquias tradicionais, baseadas no monopólio privado da terra, no latifúndio – base da economia primário-exportadora, que se interpretava então como resquícios feudais ou semifeudais, igualmente obstaculizando o desenvolvimento das forças produtivas. Ora, o monopólio da terra e a persistência de relações de trabalho servis inibiam tanto a formação de uma burguesia nacional quanto do mercado interno de que ela necessita.

Em conformidade com o etapismo difundido a partir do VI Congresso da Internacional Comunista (1928),[6] os comunistas brasileiros viam na articulação entre imperialismo e feudalismo o grande óbice ao desenvolvimento, o que exigiria como solução levar a cabo uma revolução democrático-burguesa, isto é, a plena constituição do capitalismo no

---

5 Para as formulações comunistas sobre a revolução brasileira e o programa nacional-democrático, ver Partido Comunista Brasileiro (1958), Del Roio (2000), Ianni (1984), parte II, cap. 1, e Moraes (1998; 2000). Cf. Palma (1981: 45-48). Prado Jr. (1966), cap. II, além de trazer sua própria crítica às teses do PCB, serve como referência para as mesmas.

6 É quando se propõe o caráter feudal dos "países atrasados" (coloniais, semicoloniais e dependentes) – ou, mais precisamente, de sua agricultura – e o imperialismo como maior adversário a ser combatido. Cf. Dória (1998). Ásia e América Latina, com todas suas especificidades concretas, foram envolvidas na mesma generalização. Sobre o VI Congresso da Internacional Comunista e seus impactos no PCB, ver Del Roio (2000: 76 e ss). A propósito daquele esquematismo, cf. Dória (1998: 270 e ss).

Brasil. Assim, havia duas teses sustentando essa visão: a tese do feudalismo e a tese da burguesia nacional. Em outras palavras, por um lado, o atraso decorria da aliança feudal-imperialista que impedia a transição ao capitalismo, decorria da incompletude de um capitalismo nacional. Por outro lado, pressupunha a existência de uma classe de capitalistas cujos interesses (ampliação do mercado interno, proteção contra produtos importados, exclusividade na exploração dos recursos naturais e da força de trabalho barata, e o próprio desenvolvimento das forças produtivas), por estarem atrelados ao espaço econômico nacional, coincidiam com os interesses nacionais. Portanto, essa burguesia nacional, por suas próprias necessidades, tinha que se contrapor ao imperialismo e ao feudalismo. Enfim, a revolução brasileira haveria de ser uma revolução burguesa antifeudal e anti-imperialista.

Para a Cepal,[7] tendo Raul Prebisch como fundador e Celso Furtado como um de seus grandes expoentes, partindo de uma inspiração keynesiana e de crítica à teoria ricardiana do comércio internacional, o obstáculo externo também era primordial. A articulação de economias homogêneas e diversificadas (centrais) e heterogêneas e especializadas (periféricas) em um mesmo sistema – ou seja, uma economia internacional caracterizada por uma divisão internacional do trabalho que contrapunha economias com estruturas produtivas qualitativamente distintas – reproduzia a desigualdade de ritmos de desenvolvimento. O sistema de divisão internacional do trabalho seria muito mais favorável às economias centrais, produtoras de manufaturas e

---

7   O estruturalismo cepalino clássico é sintetizado em Mallorquin (2005), cap. 1, e Palma (1981: 59-67).

DEPENDÊNCIA E SUBDESENVOLVIMENTO

irradiadoras de progresso técnico, do que às periféricas, fadadas à condição de exportadoras de produtos primários. As economias primário-exportadoras, por suas próprias características, estariam limitadas em suas possibilidades de desenvolvimento, na medida em que não podiam se dissociar de três tendências: o desemprego da força de trabalho (tanto mais grave em função de um excedente estrutural de mão de obra), o desequilíbrio externo e a deterioração dos termos de troca.[8]

Por essa perspectiva, somente a industrialização por substituição de importações permitiria liquidar os obstáculos ao desenvolvimento periférico que as estruturas especializadas traziam inscritos em si. Por meio da industrialização substitutiva, revolucionando as estruturas econômicas da periferia, seria possível romper o círculo vicioso do subdesenvolvimento. A industrialização permitiria equacionar tanto o problema do desemprego estrutural, absorvendo a população excedente dos setores tradicionais, quanto o problema da dependência externa, ligada à relação desigual no comércio internacional, reduzindo o coeficiente de importações e diversificando a pauta de exportações. Ressalte-se, ainda, que tal processo, não podendo surgir espontaneamente, deveria apoiar-se em forte intervenção do Estado, por meio de planejamento e política econômica, de maneira a delimitar com precisão o espaço econômico nacional.[9] Enfim, industrialização e desenvolvimento, na concepção da Cepal, seriam sinônimos.

---

8 A respeito dessas tendências, ver Palma (1981: 62-64).

9 Daí a proposição de medidas tais como protecionismo, controles cambiais, políticas salariais de estímulo à demanda efetiva, política industrial e até mesmo atração de investimentos estrangeiros (sobretudo nas etapas iniciais do processo). Cf. Palma (1981: 64-65).

Contudo, a História enveredou por outros rumos. No Brasil, conforme se avançou no processo substitutivo, atingindo-se um sistema industrial dotado de um setor de bens de produção, suas contradições foram se tornando inequívocas. A implementação do pacote de investimentos que compusera o Plano de Metas havia representado uma mudança de qualidade na estrutura industrial brasileira, que passou a contar com um importante setor de bens de capital. No entanto, simultaneamente, acentuaram-se as contradições marcantes da economia brasileira. Persistiam – e se acentuavam – a inflação, o déficit no balanço de pagamentos e a heterogeneidade estrutural, que se manifestava na concentração de renda e nas desigualdades regionais, por exemplo.

Miséria e desemprego urbanos tornaram-se problemas evidentes e inesperados, justamente pelo quadro promissor que o crescimento econômico até então parecia traçar. Enquanto o padrão de industrialização se mostrava incapaz de absorver mão de obra em ritmo suficiente, a inflação corroía progressivamente os salários reais, agravando o problema social. A industrialização não havia resolvido os desequilíbrios de balanço de pagamentos, que na verdade vinham se agravando sob as crescentes remessas do capital estrangeiro. A propósito, a penetração das corporações multinacionais apontava para uma desnacionalização do sistema produtivo. Os salários reais não conheciam aumentos significativos que permitissem ampliar o mercado consumidor moderno, simultaneamente a uma piora da distribuição de renda nos países mais dinâmicos, como o Brasil. O desemprego, crescente, se revelava como problema social grave, sobretudo sob os influxos populacionais do êxodo rural.

DEPENDÊNCIA E SUBDESENVOLVIMENTO

O processo de industrialização por substituição de importações enfrenta seu esgotamento. Há uma marcada desaceleração no início dos anos 1960, configurando a crise econômica, e simultaneamente, com o agravamento das tensões sociais e da radicalização que a premente necessidade de reformas impunha, a crise política do populismo.[10] No limite, viriam a crise e, logo em seguida, a instauração da ditadura militar, com um regime autocrático que perduraria por duas décadas. Enfim, a industrialização periférica não havia sido capaz de cumprir os ideais civilizatórios com que havia sido revestida pelo nacional-desenvolvimentismo.[11]

Tem início um longo processo de revisão e crítica às concepções desenvolvimentistas, mas que em um primeiro momento não rompe totalmente com esses marcos. Nesse período aparecem contribuições tão diversas quanto as de Caio Prado Júnior, Celso Furtado, Ignácio Rangel, Nelson Werneck

---

10 Nas palavras de Ianni: "A crise do populismo em 1961-64 é bem uma crise do bloco de poder. As mesmas políticas que haviam sido possíveis sob o populismo provocaram tantos e tais desenvolvimentos das classes sociais e antagonismos dessas classes que o pacto do populismo e a democracia populista vieram abaixo. [...] [É] uma época em que se aguça a contradição entre o poder político cada vez mais influenciado e orientado por forças de base popular, e o poder econômico, cada vez mais determinado pelos interesses da grande burguesia monopolista estrangeira e nacional" (Ianni, 1984: 106-107). E, logo adiante: "Foi nesse contexto que se intensificou e generalizou o debate que se nucleava principalmente em torno destas opções: capitalismo dependente, capitalismo nacional, socialismo por via pacífica e socialismo por via revolucionária" (Ianni, 1984: 108).

11 Para uma breve crítica da ideologia desenvolvimentista enquanto projeto que dissimulava seu caráter de classe e fazia "apologia do sistema capitalista como forma superior de convivência social", ver Toledo (1998: 327). Cf. Ianni (1984), parte II, cap. 2.

45

Sodré, entre tantos outros.[12] Ainda que legítimos herdeiros da tradição que acima esboçamos, e que de maneira geral pode ser rotulada como nacional-desenvolvimentista, Celso Furtado e Caio Prado Júnior podem ser apontados como dois pioneiros no esforço de crítica e reavaliação do desenvolvimento capitalista conforme proposto pelas tradições cepalina e marxista dogmática. O que vincula o pensamento de ambos é, antes de tudo, a preocupação com o problema da formação. Em suas críticas, não abandonam o fundamento da ideologia nacional-desenvolvimentista, ou seja, a tese de que a industrialização era o pressuposto material de uma nação capaz de controlar o próprio destino, autônoma e integrada, fundada em uma vontade coletiva. Portanto, procuram compreender por que o subdesenvolvimento persistia, quais as forças que ainda bloqueavam o desenvolvimento das forças produtivas e que não tinham sido levadas em conta pelas formulações anteriores. Críticos a todo tipo de esquema pré-concebido, une-os igualmente o esforço autônomo de construção teórica, subordinado à apreensão das especificidades da realidade latino-americana e brasileira, em particular.

---

12 Iremos nos restringir ao âmago das contribuições de Caio Prado e Celso Furtado, pela sua intensa convergência e por representarem as mais contundentes críticas internas às tradições cepalina e pecebista (Furtado vinculado à primeira e Prado Jr. à segunda). Nelson Werneck Sodré, ainda que geralmente identificado às teses do marxismo dogmático do PCB, apresenta qualidades próprias dignas de nota. Cf. Del Roio (2000: 86-95), Dória (1998: 264-269), e Toledo (1998: 320-326). Ignácio Rangel é tomado como pioneiro na interpretação da crise dos anos 1960 como própria da dinâmica capitalista brasileira, trazendo "para o centro da análise o processo de acumulação de capital em seu movimento contraditório de expansão e crise" (Cruz, 1980: 102). Cf. Cruz (1980), capítulos III e IV, e Dória (1998: 254-259). Ver também Ianni (1984), parte II, cap. 2, e Toledo (1998).

Tanto em Caio Prado[13] quanto em Celso Furtado, a análise gira em torno ao problema da transição de uma economia de tipo colonial para uma economia nacional, para um sistema industrial. Na América Latina, de modo geral, tais economias constituem-se a partir da expansão do capitalismo europeu como sua fronteira, e portanto subordinadas às necessidades ditadas pela Revolução Industrial das economias centrais, dependendo seu dinamismo dos impulsos externos. Para aqueles autores, conforma-se uma estrutura produtiva que responde pela precariedade de oportunidades e do padrão de vida da população, que não se integra totalmente, como consumidores, em um mercado interno, capitalista e moderno. Surge o problema da estreiteza do mercado no subdesenvolvimento. Daí que não surjam impulsos endógenos à transformação da estrutura produtiva, ao desenvolvimento, daí a prisão no círculo vicioso do subdesenvolvimento. Nos termos de Prado Jr.:

> O tipo de organização econômica legado pela nossa formação colonial não constitui a infraestrutura própria de uma população que nela se apoia, e destinada a mantê-la; não é o sistema organizado da produção e distribuição de recursos para a subsistência da população que compõe o mesmo sistema; mas forma antes uma empresa de natureza comercial de que aquela população não é senão o elemento propulsor destinado a manter o seu funcionamento em benefício de

---

13 Para uma introdução a Caio Prado Júnior, ver Sampaio Jr. (1999), cap. 3. Ver ainda Del Roio (2000: 95-105). A crítica de Caio Prado às teses do feudalismo e da burguesia nacional encontra-se formulada em Prado Jr. (1966), assim como sua própria contribuição para o programa da revolução brasileira.

JOÃO PAULO DE TOLEDO CAMARGO HADLER

objetivos estranhos. Subordina-se portanto a tais objetivos, e não conta com forças próprias e existência autônoma (Prado Jr., 1966: 137).

Trata-se de uma perspectiva que integra em um mesmo esquema analítico o duplo desafio da formação nacional e do desenvolvimento econômico, da desarticulação dos anacronismos de uma sociedade colonial segregacionista e dos vínculos externos de subordinação. Recorrendo novamente a Prado Jr.:

> Na instância concreta da evolução histórica brasileira que ora nos ocupa, observamos, no plano mais geral em que nos é dado observá-la, que o que se encontra como expressão do conjunto do processo é a progressiva transformação e superação do Brasil colônia que vem do passado e se constitui do complexo de situações, estruturas e instituições em que deu a colonização brasileira. Transformação e superação essas que, impelidas pelo jogo das contradições que se configuram nas mesmas situações, estruturas e instituições, as vão levando a uma nova e diferente feição que significa e significará cada vez mais a integração nacional do Brasil. Isto é, a configuração de um país e sua população voltados essencialmente para si mesmos, e organizados econômica, social e politicamente em função de suas próprias necessidades, interesses e aspirações (Prado Jr., 1966: 117).

DEPENDÊNCIA E SUBDESENVOLVIMENTO

É com esse olhar que nos voltaremos agora para a contribuição de Celso Furtado.[14]

O pensamento de Celso Furtado (I) – A formação econômica de uma Nação

Desenvolvimento, subdesenvolvimento e suas formas concretas

A obra de Celso Furtado[15] não pode ser compreendida se deslocada desse debate mais amplo que vimos esboçando.

---

14 No item que se segue, procuramos organizar a problemática do desenvolvimento nacional em Furtado, tomando como referência suas principais obras desde *Formação econômica do Brasil* (Furtado, 1959), até o período imediatamente posterior ao golpe militar de 1964. Com isso, pretendemos nos restringir à concepção – e perspectivas – que Furtado tinha da industrialização brasileira dentro do contexto que até agora esboçamos, e que deverá sofrer mudanças substanciais, como trataremos de ver no segundo capítulo. Trata-se de um Furtado ainda plenamente convencido das potencialidades da industrialização nacional – mas igualmente convicto das deformações desse processo. Tentamos sistematizar os requisitos do desenvolvimento capitalista nacional que perpassam aquelas obras, tendo como referência primordial a experiência histórica da industrialização substitutiva brasileira, e tendo como eixo a longa transição da economia de tipo colonial à economia nacional, em vias de se completar. Por ora, eventuais referências a obras posteriores servirão tão somente para esclarecer ou reforçar algum ponto específico.

15 Como referências a um estudo introdutório de Celso Furtado, Mallorquin (2005) vale pela sua amplitude, cobrindo toda a vida do economista. Sampaio Jr. (1999), cap. 5, principalmente, delimita a problemática do desenvolvimento na obra de Furtado. Para alguns aspectos específicos, dentro da pluralidade de temas concatenados por Furtado em torno à questão da formação nacional, há ainda Fiori (2000), Guimarães (2000), Nabuco (2000) e Oliveira (2000), reunidos em *Celso Furtado e o Brasil*, organizado por Maria da Conceição Tavares. Do próprio Furtado, um bom ponto de partida é

49

Toda ela se pauta pela preocupação maior de assegurar ao país as bases materiais de uma economia autodeterminada e de uma nação soberana, orientada para a satisfação das necessidades da coletividade, integrada nacionalmente. Sua perspectiva é essencialmente histórica, e procura apreender o significado das variáveis econômicas a partir do marco institucional, da realidade social (estrutura social) que condiciona o comportamento dos agentes.[16] Nesse sentido, empresta grande ênfase às estruturas de poder e dominação que respondem pelo padrão de distribuição de renda em cada coletividade. Assim, o problema do subdesenvolvimento é encarado como tendo origens históricas, formativas, que deita raízes em estruturas sociais específicas, constituídas ao longo de seu particular processo de formação histórica.[17] O subdesenvolvimento,

---

Pequena introdução ao desenvolvimento: enfoque interdisciplinar (Furtado, 1980).

16 Declara Furtado: "Ocorre, entretanto, que, se bem as variáveis econômicas possam ser definidas com base em conceitos derivados de princípios gerais de economia, o comportamento dessas variáveis está condicionado por parâmetros institucionais, cujo conhecimento exige um estudo específico da realidade social. No caso latino-americano, essa realidade social apresenta peculiaridades, cujo conhecimento se requer para a compreensão do comportamento do sistema econômico" (Furtado, 1966: 52).

17 Sobre o estruturalismo peculiar de Furtado, ver Mallorquin (2005). "O enfoque interdisciplinar do estruturalismo é delatado constantemente pela reiteração da importância das estruturas sociais, dominação e poder de uma minoria hegemônica e privilegiada. Este discurso é dificilmente incorporável à ideia convencional sobre o desenvolvimento porque privilegia o âmbito do poder e a estrutura social para pensar a distribuição do ingresso e a acumulação" (Mallorquin, 2005: 318). Como explica o próprio Furtado, trata-se de um esforço para "apreender a realidade social em suas múltiplas determinações", ou seja, "apreender o desenvolvimento como um processo global: transformação da sociedade ao nível dos meios, mas também dos fins; processo de acumulação e de ampliação da capacidade produtiva, mas

DEPENDÊNCIA E SUBDESENVOLVIMENTO

portanto, não constitui uma fase prévia ao desenvolvimento, no sentido etapista, mas um processo histórico específico, que por si mesmo apenas se reproduz indefinidamente.[18] E, mais importante, desenvolvimento e subdesenvolvimento são compreendidos como processos históricos distintos mas conexos, ou melhor, como desdobramentos de um mesmo processo histórico global, isto é, a acumulação capitalista em escala mundial. Dessa forma, desenvolvimento e subdesenvolvimento são identificados com realidades históricas particulares, e que adquirem sentido concreto na estrutura centro-periferia, na conformação de um sistema capitalista mundial hierarquizado, polarizado, em uma ruptura na economia mundial. Segundo Furtado: "Impõe-se, portanto, uma visão global do sistema capitalista que tenha em conta o que é invariante em suas estruturas e o que surge da História e está em permanente transformação" (Furtado, 1980: 82).

O desenvolvimento[19] é entendido, em termos gerais, como o processo de expansão do sistema produtivo, pelo qual

---

também de apropriação do produto social e de configuração desse produto; divisão social do trabalho e cooperação, mas também estratificação social e dominação; introdução de novos produtos e diversificação do consumo, mas também destruição de valores e supressão de capacidade criadora" (Furtado, 1980: XI).

18 Nas palavras de Furtado: "O subdesenvolvimento é, portanto, um processo histórico autônomo, e não uma etapa pela qual tenham, necessariamente, passado as economias que já alcançaram grau superior de desenvolvimento. Para captar a essência do problema das atuais economias subdesenvolvidas necessário se torna levar em conta essa peculiaridade" (Furtado, 1961: 180-181). "O subdesenvolvimento deve ser entendido, em primeiro lugar, como um problema que se coloca em termos de estrutura social" (Furtado, 1964: 77).

19 Para as concepções de desenvolvimento e subdesenvolvimento em Furtado, as primeiras referências de maior fôlego são Furtado (1961) e Furtado

51

a sociedade amplia suas bases materiais. Do ponto de vista econômico, representa a progressiva ampliação da produtividade do trabalho, e portanto da renda e do produto disponíveis para a coletividade. Mas, para Furtado, o desenvolvimento não se reduz à sua dimensão econômica, pois contém um elemento adicional que é a satisfação das necessidades básicas da sociedade. Dessa maneira, "o alargamento das bases materiais da vida social e individual é condição essencial para a plenitude do desenvolvimento humano" (Furtado, 1962: 20).

Em Furtado, o desenvolvimento autodeterminado corresponde a uma situação muito específica de relação de compatibilidade entre estrutura produtiva e estrutura social, de modo a que os estímulos ao crescimento surjam endogenamente ao sistema econômico. Pelo lado da estrutura produtiva, essa relação pressupõe uma determinada composição técnica do capital, um certo padrão tecnológico que corresponda a escassez relativa de mão de obra. Além disso, o sistema produtivo deve apresentar-se como uma estrutura orgânica, diversificada e integrada, que possa crescer a partir de suas próprias bases sem esbarrar em quaisquer entraves. Quanto à estrutura social, pressupõe um relativo equilíbrio de forças entre capitalistas e trabalhadores, em um padrão de luta de classes que concede legitimidade às reivindicações do operariado, à sua organização política autônoma, garantindo-lhe crescente participação nas decisões econômicas.

Por esses meios, os ganhos de produtividade do sistema podem ser convertidos em aumentos do nível de salário real,

---

(1964). Quanto ao primeiro, aparecerá reeditado em Furtado (1967). É conveniente, ainda, ter como contraponto Furtado (1980).

DEPENDÊNCIA E SUBDESENVOLVIMENTO

o que corresponde a um duplo estímulo ao desenvolvimento das forças produtivas. Por um lado, dado que o incremento da renda disponível para consumo se traduz não apenas em maior consumo, mas ainda em modificações na composição da demanda, estimulam-se transformações na estrutura produtiva para adequar a oferta. Por outro lado, sob a pressão por maiores salários exercida pelos trabalhadores, em posição privilegiada de barganha, estimula-se o progresso técnico no sentido de introduzir inovações, novos processos produtivos poupadores de trabalho. Do contrário, haveria um declínio da taxa de lucro que tenderia a frear o processo acumulativo.[20] É por isso que, em Furtado, nos marcos institucionais de uma democracia política, a luta de classes constitui-se em base do processo de desenvolvimento.[21] Enfim:

> O desenvolvimento do capitalismo, na sua fase mais avançada, deriva o seu principal impulso dinâmico da agressividade da massa trabalhadora, que luta

20 No entanto, a ideia de Furtado é que existem limitações ao exercício desse poder dos capitalistas, de orientar o progresso técnico a seu bel-prazer. De um lado, há limitações subjetivas, devido ao poder político do proletariado, assegurado por sua intensa participação no sistema de democracia representativa. De outro lado, há limitações objetivas, impostas pelo constrangimento do mercado interno que o uso indiscriminado de tecnologia poupadora de trabalho representaria, ao gerar desemprego, ocasionando problemas de realização. Cf. Furtado (1964: 65-66).

21 Não custa chamar a atenção para o fato de que, em Furtado, a luta de classes esgota-se em sua dimensão econômica, isto é, no conflito distributivo entre trabalhadores e capitalistas. Na medida em que o desenvolvimento permite conciliar os interesses dessas classes, prescinde-se da dimensão política do antagonismo de classes, ou seja, a contraposição de projetos alternativos para a sociedade, apontando para a supressão do próprio regime capitalista.

53

para aumentar sua participação no produto social.
Essa agressividade, pondo em risco a taxa de lucro
da classe capitalista, suscita como reação o interesse
pelas inovações tecnológicas que tendem a reduzir a
demanda de mão de obra por unidade de produto.
[...] Contudo, é a atuação das classes trabalhadoras,
no sentido de aumentar sua participação no produto, que cria as condições para o avanço da tecnologia.
Este, por seu lado, permite que se mantenha uma elevada taxa de acumulação, sem embargo da inelastici-
dade da oferta de mão de obra (Furtado, 1964: 64).

Em suma, a acumulação de capital precisa desdobrar-se
em socialização dos ganhos de produtividade, de maneira tal
que o excedente possa ser canalizado tanto para a expansão
e diversificação do consumo (formação e ampliação do mercado interno) quanto para o investimento (acumulação de
capital), estimulando-se reciprocamente, criando condições
para a continuidade do processo acumulativo. Ou seja, os incrementos da renda não podem ser apropriados de maneira
concentrada por uma pequena elite, o que coibiria a constituição de um mercado interno. No entender de Furtado:

Um processo redistributivo de rendas, em favor dos
empresários, somente dentro de certas condições e limites pode favorecer o desenvolvimento econômico.
Numa economia de livre-empresa o processo de capitalização tem que correr paralelo com o crescimento
do mercado. É sabido que o ajustamento entre esses
dois processos de crescimento se faz aos solavancos,
através de altas e baixas cíclicas. [...] Desde o momento em que o mercado deixa de crescer, os empresários,

antevendo a redução dos lucros, reduzem suas inversões (Furtado, 1959: 220).

O desenvolvimento, entendido como uma configuração social particular em que se compatibilizam investimento e consumo, corresponde a um padrão de distribuição de renda mais igualitário, sendo incompatível com qualquer forma generalizada de marginalização social e de superexploração do trabalho. Requer a plena integração da população no mercado de trabalho capitalista moderno, eliminando qualquer excedente estrutural de mão de obra. Respeitadas essas condições, o desenvolvimento torna-se endógeno. Nos termos de Furtado, são os impulsos à acumulação (concorrência intercapitalista) e à melhoria das condições de existência da classe trabalhadora (luta de classes) que constituem as forças determinantes do desenvolvimento, que articulando-se de maneira virtuosa possibilitam endogeneizar os estímulos ao crescimento. Em suma:

> O desenvolvimento nas sociedades capitalistas, isto
> é, ali onde prevalece a propriedade privada dos bens
> de produção, assenta, por conseguinte, em duas forças mestras: o impulso à acumulação – pelo qual a
> minoria dirigente procura limitar o consumo da coletividade e, ao mesmo tempo, aumentar o seu poder
> sobre essa coletividade apropriando-se de parcela
> substancial do incremento do produto – e o impulso à melhoria das condições de vida que atua entre
> as grandes massas, tanto no sentido da plena incorporação de suas atividades à economia monetária,

como no de elevação e diversificação do seu padrão de consumo (Furtado, 1964: 62).

Em Furtado, o desenvolvimento é identificado com a forma concreta que assumiu, em primeira instância, na Revolução Industrial, que abrange tanto o núcleo industrial originário na Inglaterra quanto seus prolongamentos na Europa continental e Estados Unidos. Trata-se do "modelo clássico de desenvolvimento industrial", cujas transformações cruciais foram a endogeneização dos determinantes do crescimento e a constituição do progresso técnico como um imperativo, que configurou um novo padrão de crescimento em profundidade.[22] A constituição do núcleo industrial europeu representou uma ruptura na economia mundial que condicionou todo seu desenvolvimento posterior, na polarização entre centro e periferia. É a expansão da fronteira desse núcleo capitalista em direção à periferia, isto é, a penetração de empreendimentos capitalistas em sistemas econômicos pré-capitalistas, que cria o subdesenvolvimento, que correspon- de a uma forma de desenvolvimento dependente.[23] Nas pa-

---

22 Sobre a Revolução Industrial inglesa, diz Furtado: "Assim, a forma extensiva de crescimento da era mercantilista – que visava à abertura de novas frentes de comércio, nem que fosse pela violência – foi dando lugar a um novo estilo de crescimento em profundidade, cuja força dinâmica resultava das próprias transformações internas do sistema econômico" (Furtado, 1961: 170). Para a interpretação de Furtado sobre a Revolução Industrial, enquan- to face concreta do desenvolvimento, ver, especialmente, Furtado (1961), cap. 4, e Furtado (1964), cap. 5 da primeira parte.

23 Cabe, no entanto, chamar a atenção para o fato de que, em Furtado, ainda que o subdesenvolvimento resulte como uma contrapartida do desenvolvi- mento do sistema capitalista, tal fenômeno não é visto como uma necessi- dade desse desenvolvimento, mas como uma contingência histórica. Esse

DEPENDÊNCIA E SUBDESENVOLVIMENTO

lavras de Furtado, "o subdesenvolvimento não constitui uma etapa necessária do processo de formação das economias capitalistas modernas. É, em si, um processo particular, resultante da penetração de empresas capitalistas modernas em estruturas arcaicas" (Furtado, 1961: 191).[24] Ora, segundo Furtado, o desenvolvimento econômico, entendido como um processo de crescimento da produtividade do trabalho, não se dá apenas a partir das inovações tecnológicas, mas também a partir de novas combinações dos fatores disponíveis. Sob o estímulo de novas correntes de comércio, abertas pelas demandas da Revolução Industrial no centro, as regiões periféricas vieram a se integrar no sistema capitalista mundial, enquanto economias exportadoras de produtos primários, no sistema de divisão internacional do trabalho. Mediante essa especialização, ao impulso da demanda externa, puderam conhecer incrementos de produtividade sem necessidade de incorporar inovações técnicas significativas, simplesmente pela ativação dos recursos disponíveis, essencialmente terra e força de trabalho abundantes.[25]

---

ponto é de fundamental importância para distinguir o lugar do subdesenvolvimento, do capitalismo dependente, na obra de Furtado e na de Ruy Mauro Marini ou Florestan Fernandes, conforme veremos adiante.

24 "O que conceituamos como subdesenvolvimento é, entretanto, menos a existência de uma economia fundamentalmente agrária – teríamos neste caso tão somente uma economia *atrasada* – do que a ocorrência de um dualismo estrutural. Este tem origem quando numa economia agrícola *atrasada*, determinadas condições históricas propiciam a introdução de uma cunha de economia tipicamente capitalista, criando-se um desequilíbrio ao nível dos fatores – na linguagem dos economistas – com reflexos em toda a estrutura social" (Furtado, 1964: 79).

25 Segundo Furtado: "O estabelecimento de uma corrente de intercâmbio externo cria, em uma economia de baixos níveis de produtividade, a possibi-

Na ausência de mudanças nas técnicas de produção, não puderam transcorrer – e tampouco foram necessárias – profundas transformações nas estruturas sociais preexistentes, dando sobrevida às formas tradicionais de dominação. Constituem-se economias de tipo colonial, cujo dinamismo se vincula estreitamente às circunstâncias impostas pela economia mundial, sobretudo da acumulação no centro capitalista, na forma das demandas de alimentos e matérias-primas requisitados pela Revolução Industrial. Assim, desenvolvimento e subdesenvolvimento manifestam-se, como aspectos distintos de um mesmo processo histórico, concretamente, na estrutura centro-periferia. A constituição do sistema capitalista mundial assume a forma de uma cisão entre estruturas produtivas qualitativamente distintas, em que um grupo de economias encontra estímulos de expansão em seu próprio âmago, enquanto o outro grupo tem seu dinamismo atrelado ao funcionamento autônomo do primeiro.[26]

---

lidade de iniciar um processo de desenvolvimento sem prévia acumulação de capital. [...] Como se diz correntemente, o desenvolvimento econômico assume a forma de processos mais e mais capitalísticos. Contudo, em determinadas circunstâncias, é possível introduzir combinações mais produtivas sem prévio aumento da disponibilidade de capital, ou pelo menos sem prévio aumento da oferta de capital em sua forma complexa de equipamentos. É o que ocorre com a abertura de uma linha de comércio exterior, por iniciativa externa. Surge, então, a possibilidade de utilização mais a fundo e, possivelmente, em combinações mais racionais, de fatores disponíveis em abundância: terra e mão de obra. É o caso clássico a que se referia Adam Smith quando afirmava que a divisão do trabalho estava limitada pelas dimensões do mercado" (Furtado, 1961: 94).

26 Sobre a formação da estrutura centro-periferia, ver Furtado (1961: 178 e ss). Cf. Furtado (1980), cap. VII.

DEPENDÊNCIA E SUBDESENVOLVIMENTO

O subdesenvolvimento pode ser entendido como uma conformação social extremamente precária, marcada por profundas desigualdades, em um padrão antissocial de distribuição de renda. Caracteriza-se pela perpetuação de formas de dominação e de marginalização social que deitam raízes em estruturas pré-capitalistas, na formação colonial, e com as quais o setor capitalista primário-exportador não entra em contradição, posto que seu dinamismo responde à demanda externa, prescindindo da integração social. Pelo contrário, o setor exportador encontra, internamente, condições para sua rápida expansão e sua elevada lucratividade justamente na relativa abundância de fatores proporcionada pelo setor pré-capitalista, sobretudo mão de obra barata.

Enfim, de maneira geral, o surgimento de um setor capitalista naquelas áreas fez-se em condições de ampla disponibilidade de terras e oferta elástica de mão de obra a níveis salariais reduzidos, condicionadas pelo setor pré-capitalista, que desempenha a função de reserva de mão de obra. O desenvolvimento do setor capitalista pode se dar pela absorção desses fatores disponibilizados pela economia pré-capitalista preexistente, em grande medida reproduzindo aquele padrão distributivo.[27] Como explica Furtado:

---

27 Para a caracterização do processo de integração das economias latino-americanas no sistema de divisão internacional do trabalho e das estruturas coloniais às quais se sobrepôs o setor capitalista exportador, cf. Furtado (1966), cap. 3. Sobre a formação colonial e suas estruturas pré-capitalistas, podemos destacar: "Para compreender o tipo de organização econômico-social que se formou na América Latina é necessário ter em conta que, se bem a colonização se processou em condições de oferta ilimitada de terras, todas aquelas terras que podiam ser utilizadas para criação de um excedente econômico eram automaticamente transformadas em propriedade privada

59

JOÃO PAULO DE TOLEDO CAMARGO HADLER

Ao fixar uma taxa de salário superior à remuneração que obtinha o trabalhador na agricultura pré-capitalista, o setor exportador se assegurava uma oferta totalmente elástica de mão de obra. Com efeito, a velha agricultura funcionava como um reservatório de mão de obra; enquanto não se esgotasse esse reservatório, o setor exportador gozaria de oferta ilimitada do fator trabalho a um nível de salário basicamente definido pelas condições de vida que prevaleciam nas fazendas semifeudais (Furtado, 1966: 63).

Assim sendo, o subdesenvolvimento assume a forma de uma economia pouco diferenciada e com baixo grau de integração. Mesmo a economia subdesenvolvida industrializada, conforme veremos mais adiante, tem como traços essenciais a marginalização de grande parcela da população de qualquer benefício do desenvolvimento e o subemprego crônico, perpetuando um excedente estrutural de mão de obra. Portanto, nos marcos do subdesenvolvimento, surgem bloqueios à formação do mercado interno, devido à sua incapacidade de socializar os ganhos de produtividade, pela inibição à luta de

---

de uma pequena minoria. Assim, a abundância de terras assegurava meios de subsistência à população, cujo crescimento vegetativo não encontrava limites por esse lado. Contudo, todo aquele que trabalhava a terra deveria, em princípio, pagar um tributo a um membro da classe de proprietários de terras" (Furtado, 1966: 57). Ou seja: "o controle da terra por uma pequena minoria, em condições de economia pré-capitalista, capacita essa minoria para coletar um tributo de todo aquele que trabalha terras beneficiadas por economias externas. Considerando o mesmo problema do ponto de vista de suas consequências sociais, comprova-se que uma tal organização econômica engendra um sistema de distribuição da renda pelo qual uma fração substancial dessa renda [...] se concentra em mãos de uma minoria" (Furtado, 1966: 59).

60

classes, contrapartida da preservação das formas de dominação pretéritas. É como indica Furtado:

> Com efeito, a existência de um grande reservatório de mão de obra à disposição dos capitalistas, constitui uma força inibitória de todo o processo da luta de classes. Desta forma o setor capitalista das economias subdesenvolvidas apresenta-se, via de regra, com pouco dinamismo, acostumando-se a classe dirigente a elevadas taxas de lucro que jamais são efetivamente postas em xeque pela luta de classes (Furtado, 1964: 80).

Entretanto, para Furtado, o desenvolvimento, ainda que ambiguamente relacionado a uma situação histórica concreta, estaria acessível aos países subdesenvolvidos. O desenvolvimento das economias periféricas não era seu destino inevitável, não poderia resultar de um processo espontâneo que fosse desdobramento de sua base econômica, devido àqueles seus bloqueios constitutivos. Conforme veremos, a superação do subdesenvolvimento, onde ocorresse, deveria emergir a partir de um projeto nacional, sustentado em uma vontade coletiva e operacionalizado pelo Estado. Seria possível reproduzir "artificialmente" as condições históricas específicas que correspondiam às bases do desenvolvimento capitalista em seu modelo clássico, ou seja, constituir um sistema econômico nacional de fato, em que a estrutura social e a estrutura produtiva se articulassem de modo virtuoso. Portanto, o desenvolvimento capitalista periférico identifica-se com a superação da estrutura econômica colonial, do subdesenvolvimento, a transição para um sistema industrial, para uma economia nacional.

A longa transição –
da economia colonial à economia nacional

As possibilidades de que surja um desenvolvimento industrial incipiente a partir da economia colonial, e que sirva de base para um processo de industrialização posterior, estão delimitadas por várias circunstâncias. Em primeira instância, a transformação da estrutura econômica depende da importância da renda que o setor capitalista gera e que fica disponível à coletividade local. Em primeiro lugar, há a questão da intensidade e duração do impulso externo. A demanda externa deve ser intensa e duradoura o suficiente para que se produza um aumento da produtividade e da renda social, tal que possa se traduzir em formação de capital; ou seja, que dê margem para, eventualmente, iniciar-se a acumulação de capital. Para que isso se suceda, é essencial que a atividade exportadora esteja sob controle do capital nacional, de modo a reter os lucros internamente.

A massa de lucros que se integra à economia local não fornece apenas as bases financeiras da industrialização. Os reinvestimentos no setor exportador colaboram para acelerar a incorporação de faixas adicionais ao setor monetário, absorvendo a economia de subsistência, ampliando as bases do mercado interno, sobre as quais pode vir a se assentar o desenvolvimento industrial.[28] No caso de propriedade estrangeira, as possibilidades de transformação estrutural se reduzem, pois a massa de lucros e os condicionantes de sua utilização

---

28 Essa situação correspondeu à experiência brasileira. Cf. Furtado (1961: 186-188).

ligam-se primordialmente à economia de origem do capital, revertendo-se a ela em proporções significativas.[29] Conforme já sugerido, aquele incremento da renda também deve expressar-se em expansão e diferenciação da demanda, mediante a progressiva incorporação da população pelo setor capitalista, formando o mercado interno. Essa diversificação do consumo avança, inicialmente, sob o influxo de produtos manufaturados importados das economias industrializadas, e dependendo das dimensões que atinja pode servir de base para a constituição do mercado interno como centro dinâmico. Como aponta Furtado:

---

29 A esse respeito, é elucidativo um exemplo dado por Furtado: "Considere-se o caso dos capitais ingleses invertidos em empresas produtoras de chá, borracha ou metais, no Sudeste da Ásia. A renda gerada por essas empresas integra-se em parte na economia local, em parte na economia inglesa. É provável que a parcela correspondente à economia local seja maior que a outra. Mas, é a cota-parte que permanece ligada à economia inglesa que detém as características dinâmicas do sistema capitalista. Com efeito: numa substancial proporção a massa de poupança, que todos os anos a economia inglesa necessita de transformar em capacidade produtiva, deriva de rendas provenientes de empresas localizadas em todas as partes do mundo" (Furtado, 1961: 183). "As quedas de preços, ao afetarem, de preferência, a margem de lucro, concentram seus efeitos na própria renda inglesa, na qual estão integrados os lucros da empresa. *Mutatis mutandis*, a recuperação dos preços e a etapa de bonança passam quase despercebidas no país onde se localiza a empresa, a menos que fatores de outra ordem aconselhem a utilizar os maiores lucros para expandir o negócio na própria região onde são auferidos. A decisão relativa a uma possível ampliação dos negócios é tomada de Londres, em função dos interesses da economia inglesa, no seu conjunto. Eis por que, não obstante os chamados núcleos capitalistas sejam relativamente fortes, em economias como a do Ceilão ou das repúblicas centro-americanas, estas continuam a comportar-se como estruturas pré-capitalistas" (Furtado, 1961: 185). Cf. ainda Furtado (1961: 110-113).

63

Em muitos casos – e o Brasil é um bom exemplo – a massa de salários no setor ligado ao mercado internacional foi suficiente para dar caráter monetário a uma importante faixa do sistema econômico. O crescimento dessa faixa monetária implicou importantes modificações nos hábitos de consumo, com a penetração de inúmeros artigos manufaturados de procedência estrangeira. A diversificação nos hábitos de consumo teve importantes consequências para o desenvolvimento posterior da economia (Furtado, 1961: 185).

Para tanto, é condição fundamental que os incrementos de renda não sejam apropriados de forma concentrada por pequenos grupos, que podem satisfazer suas demandas recorrendo tão somente às importações, bloqueando a formação do mercado interno. "Este fenômeno se observa", aponta Furtado, "em algumas economias subdesenvolvidas onde existe um grande excedente de mão de obra e nas quais o estímulo vindo de fora é relativamente débil" (Furtado, 1961: 97). A extensão da socialização dos ganhos de produtividade depende da capacidade de absorção de mão de obra da atividade que ali se desenvolva – "isto é, o tipo da economia de exportação que se organiza" (Furtado, 1961: 97) – e das dimensões relativas do setor pré-capitalista, que condiciona o salário real médio no setor capitalista.[30]

Nas palavras de Furtado:

---

30 Os casos concretos de desenvolvimento dependente na América Latina corresponderam a variadas combinações desses atributos. Para uma tipologia das diferentes formas de economias subdesenvolvidas, ver principalmente Furtado (1966), cap. 3. Cf. Furtado (1961: 97-98, 181 e ss).

DEPENDÊNCIA E SUBDESENVOLVIMENTO

O impulso externo beneficia, de início, aqueles setores diretamente ligados ao intercâmbio externo, criando uma massa adicional de lucros no setor comercial. A tendência imediata é, portanto, para a concentração da renda. Acumulam-se, assim, recursos disponíveis para inversão, ao mesmo tempo que a elevada rentabilidade da etapa inicial estimula novas inversões. Começa, então, a série de reações conhecidas, pelas quais a acumulação de capital e as melhorias técnicas que traz consigo vão libertando trabalho e terra, por um lado, e absorvendo-os, por outro, com aumento da produtividade média social. Se o impulso externo sofre solução de continuidade, quando ainda é muito baixo o nível médio de produtividade, é provável que o processo de desenvolvimento se interrompa. Mas, se a economia consegue atingir certos níveis de produtividade que permitem uma formação líquida de capital de alguma monta e correspondem a certo grau de diferenciação da procura, a importância relativa do impulso externo no processo de crescimento tenderá a diminuir. À medida que aumenta a produtividade, cresce a renda real e se diversifica a procura, o que vai abrindo novas oportunidades de inversão [...] (Furtado, 1961: 95).

Em síntese, a atividade colonial exportadora deve proporcionar incrementos de renda real expressivos, e que devem ser significativamente retidos dentro do espaço econômico nacional, distribuídos de tal forma que possam se desdobrar tanto em expansão e diversificação do consumo quanto em formação de capital.[31] Para Furtado, a condição fundamental

---

31 "Ao iniciar-se um processo de desenvolvimento, impulsionado por fatores

65

do desenvolvimento endógeno é que a economia seja capaz de criar seu próprio mercado,[32] o que, no caso das estruturas subdesenvolvidas, exige que uma série de condições muito específicas sejam satisfeitas. Assim se revela por que à expansão do comércio internacional não correspondeu uma equivalente propagação do sistema capitalista de produção em sua forma clássica, isto é, por que o desenvolvimento capitalista não se reproduziu onde quer que o capitalismo penetrasse.

Concretamente, a industrialização por substituição de importações impôs-se a algumas economias latino-americanas como resposta face à contingência de falência do sistema de

---

externos, o aumento no fluxo de renda se transforma quase totalmente em lucros, permitindo acumular capitais para reinvestimentos, o que ocorre quando persiste o estímulo de uma procura externa elástica. Uma vez que se firme o processo de crescimento e aumente a procura de mão de obra, os salários tenderão a crescer. A procura acrescida e diversificada dos consumidores exercerá pressão sobre os preços em certos setores, atraindo para os mesmos novas inversões. Desta forma a nova poupança será absorvida tanto em investimentos apoiados na procura externa como noutros ligados ao mercado interno. As novas inversões provocarão aumentos de produtividade noutros setores e se repetirão as reações anteriores" (Furtado, 1961: 96-97).

32 Para Furtado, "a economia de livre-empresa, para crescer, necessita criar seu próprio mercado. Não seria possível à economia crescer absorvendo todo o incremento do produto em maiores lucros, os quais devessem transformar-se em fundos para novas inversões. As oportunidades de inversão, em tal caso, tenderiam rapidamente a reduzir-se e o processo de crescimento a deter-se" (Furtado, 1961: 106). E prossegue: "É, portanto, indispensável que uma parte substancial do incremento do produto se transforme em renda disponível para o consumo, em mãos da população. Para que prossigam as inversões, é necessário que cresça o consumo, e esse mecanismo estabelece um teto à proporção do produto que uma economia de livre-empresa pode espontaneamente inverter. Ultrapassado esse teto, o ritmo de crescimento do consumo não criaria incentivos ao empresário para continuar invertendo" (Furtado, 1961: 107).

DEPENDÊNCIA E SUBDESENVOLVIMENTO

divisão internacional do trabalho, da crise e depressão que desorganizaram a economia internacional, a partir de 1929.

Diante da impossibilidade de atender a demanda por importações, devido à desestruturação do comércio internacional e a consequente restrição na capacidade para importar, as economias latino-americanas viram-se impelidas ao seu fechamento. No caso do Brasil, a economia cafeeira havia reunido algumas das condições mais favoráveis a um prévio desenvolvimento industrial.[33] Essa atividade exportadora, pelo seu forte caráter monetário e elevados requisitos de trabalho, dera origem a uma ampla base salarial, fundamento de um mercado interno embrionário. Ao se esgotarem os estímulos externos que imprimiam o dinamismo da economia colonial e ao se assegurar a defesa do nível de emprego e renda, pela criação de demanda efetiva para salvaguardar o setor exportador, o país logrou deslocar-se de sua dependência do setor externo.

Logo, viabilizou-se a internalização do centro dinâmico, a constituição de um sistema industrial ligado ao mercado interno, condição primeira do desenvolvimento nacional, na visão de Furtado. Em outras palavras, a economia brasileira poderia crescer com base em estímulos que proviessem dela própria, ao impulso de uma demanda preexistente insatisfeita (mercado interno embrionário), que deveria incentivar novos investimentos na indústria, por sua vez redundando em ampliação do mercado interno, e assim por diante. Segundo Furtado: "Cada novo impulso para a frente significava maior

---

33 Sobre a industrialização brasileira e suas bases – as condições favoráveis propiciadas pela economia cafeeira e sua crise – cf. Furtado (1959), capítulos XXX-XXXVI; Furtado (1961), cap. 6; Furtado (1962), cap. 9; Furtado (1964), parte II; e Furtado (1966), cap. 4.

67

diversificação estrutural, mais altos níveis de produtividade, maior massa de recursos para novos investimentos, expansão mais rápida do mercado interno, possibilidade de superar-se permanentemente" (Furtado, 1962: 109-110). O sistema industrial somente se consolida como centro dinâmico quando atinge um grau de diferenciação suficiente para que possa reproduzir-se e ampliar-se por si mesmo, ou seja, quando integra o setor de bens de produção (conforme veremos abaixo). O sistema industrial tenderia a se complexificar, donde o principal desdobramento da internalização do centro dinâmico: a internalização dos centros de decisão, segundo pressuposto do desenvolvimento nacional. A industrialização criaria condições objetivas e subjetivas para que as decisões econômicas pudessem se dar de maneira soberana, isto é, para que a nação pudesse se autodirigir. Pelas condições objetivas, a diferenciação do sistema industrial permitiria incorporar aqueles setores básicos, estratégicos para regular (planejar) o funcionamento da economia, para ter controle sobre as principais variáveis econômicas. Não por outra razão, o controle nacional de setores produtivos como a siderurgia e a indústria petrolífera, estratégicos no processo de desenvolvimento, era fundamental para a soberania no plano das decisões econômicas. Pelas condições subjetivas, estaria se formando uma mentalidade "desenvolvimentista", a partir da crescente predominância dos grupos ligados ao mercado interno, que se identifica fundamentalmente com os interesses nacionais.[34]

---

34 Cf. Furtado (1961: 245-247). Conforme apontaremos, Furtado não contava com a existência de uma "burguesia nacional" – nos termos do Partido Comunista – que assumisse a liderança do desenvolvimento nacional. A política de desenvolvimento – o projeto nacional – deveria contar com um con-

DEPENDÊNCIA E SUBDESENVOLVIMENTO

Para tanto, o Estado, principal centro de decisão nacional, deveria estar devidamente aparelhado para assumir essa tarefa. O aparelho estatal precisava ser modernizado, colocado à altura das exigências que a industrialização vinha lhe impondo. Pelo lado operacional, deveria tornar-se apto a efetivar uma política de desenvolvimento, para tanto tendo de superar definitivamente as rigidezes herdadas do Estado oligárquico. Além disso, era imprescindível assegurar-se capacidade fiscal, para arcar com seus próprios investimentos e para financiar os investimentos privados que se faziam necessários. Furtado estava convicto de que o país reunira as condições mais essenciais para atingir um processo endógeno de desenvolvimento, nos termos ora referidos, de modo que podia declarar que:

---

junto de forças políticas muito mais amplo, de fortes bases populares. Além disso, face às elites alienadas, os intelectuais deveriam desempenhar papel fundamental na elaboração e condução da política de desenvolvimento. Pois, no entender de Furtado, "o intelectual tem uma responsabilidade social particular, sendo como é o único elemento dentro de uma sociedade que não somente pode, mas deve, sobrepor-se aos condicionantes sociais mais imediatos do comportamento individual. Isto lhe faculta mover-se num plano de racionalidade mais elevado e lhe outorga uma responsabilidade toda especial: a da inteligência. Porque tem essa responsabilidade, o intelectual não se pode negar a ver mais longe do que lhe facultam as lealdades de grupo e vinculações de cultura. Seu compromisso supremo é com a dignidade humana – atributo inalienável do ser do intelectual" (Furtado, 1964: 9-10). Somente os intelectuais, por sua isenção, estariam capacitados para definir os elementos de um projeto nacional de desenvolvimento, despojado dos entraves representados pelos particularismos das classes dirigentes e alienadas do país. Nesse ponto, transparece a influência de Karl Mannheim. Cf. Nabuco (2000), que ressalta o "idealismo" de Furtado. Para uma crítica, ver Sampaio Jr. (2008).

69

A tese central desenvolvida é a seguinte: a economia de nosso país alcançou um grau de diferenciação [...] que permitiu transferir para o país os principais centros de decisão de sua vida econômica. Em outras palavras: o desenvolvimento recente da economia brasileira [...] assumiu a forma de uma diferenciação progressiva do sistema econômico, o qual conquistou crescente individualização e autonomia (Furtado, 1962: 9).

Como decorrência dessa modificação estrutural, aumentou grandemente a eficácia de nossas decisões no plano da política econômica. Se no passado não podíamos mais que perscrutar as tendências da economia internacional, como quem perscruta o tempo para defender-se do vendaval, hoje estamos em condições de tomar as decisões mais fundamentais concernentes à atividade econômica do país (Furtado, 1962: 9-10).

O Brasil deixava de ser uma economia de tipo colonial, onde tanto os estímulos quanto as decisões impunham-se de fora, para encaminhar-se definitivamente rumo à consolidação de uma nação industrial autônoma, com o "advento e predominância progressiva de fatores formativos de uma economia capitalista de base industrial" (Furtado, 1964: 109). Em suas palavras: "A velha estrutura colonial está enterrada no passado. O desenvolvimento econômico, hoje, é basicamente, um processo de industrialização. Esse desenvolvimento tem raízes profundas e alcançou uma fase de semiautomatismo: quaisquer que sejam os obstáculos que se lhe anteponham, tudo indica que ele seguirá adiante" (Furtado, 1962: 68). Em 1962, Furtado acreditava que "o Brasil, ao iniciar-se a sétima década do século, encontra-se no umbral de sua transformação em nação industrial" (Furtado, 1962: 114).

Contudo, por se realizar sem planejamento, sem política de desenvolvimento, ao sabor das circunstâncias, a industrialização substitutiva apresenta desproporções, deformações, que, na percepção de Furtado, foram se explicitando conforme o processo avançava. Então, dessa sua perspectiva mais otimista, Furtado deriva para uma postura cada vez mais crítica, face aos limites inerentes a esse padrão de industrialização. Por suas palavras, "podemos afirmar que o processo de formação de um capitalismo industrial, no Brasil, encontrou obstáculos de natureza estrutural, cuja superação parece impraticável dentro do presente marco institucional e pelos meios a que estão afeitas as classes dirigentes" (Furtado, 1964: 128).

Os limites da industrialização periférica

A crítica fundamental de Furtado ao padrão de industrialização que havia se afirmado no Brasil e, por extensão, às teorias que haviam dado base ao desenvolvimentismo, reside na identificação de fatores estruturais que impeliam o processo substitutivo a um ponto de saturação. Em outros termos, havia constrangimentos objetivos ao desenvolvimento, posto que a industrialização substitutiva se fazia sem eliminar o subdesenvolvimento – ao contrário, colaborava para aprofundá-lo. Enfim, a industrialização, ao dar-se em condições de subdesenvolvimento, tenderia a perder dinamismo, frente à sua incapacidade de generalizar os ganhos de produtividade ao conjunto da população, reproduzindo ampliadamente o excedente estrutural de mão de obra, e de romper com os nexos externos de dependência.

Constitui-se um padrão antissocial de desenvolvimento, amparado em um processo cumulativo de concentração de renda, que orienta os investimentos para os setores (bens de consumo duráveis e bens de capital) nos quais os obstáculos se fazem mais graves (elevado coeficiente de capital, estreitamento do mercado, dependência tecnológica etc.).[35] Em síntese, a industrialização periférica possui problemas congênitos, que decorrem de seu próprio ponto de partida: economias de tipo colonial, assentadas em estruturas sociais segregacionistas, e integradas de forma subordinada no sistema capitalista mundial. É dessas particularidades que derivam os focos de tensão estrutural que, na opinião de Furtado, vinham bloqueando o livre desenvolvimento das forças produtivas em bases estritamente nacionais. Vejamos, em primeiro lugar, os requisitos técnicos para avançar no processo de autonomização do sistema econômico nacional.

No que diz respeito à estrutura produtiva, o desenvolvimento só pode se tornar endógeno se ela atinge alto nível de diversificação e integração, de maneira a superar tanto o desequilíbrio interno quanto o externo. Em outras palavras, o

---

35 Nesse período, Furtado aproxima-se de explicitar seu conceito de modernização dos padrões de consumo, mas que, no nosso entendimento, só será central – e só será enunciado de fato – em suas reflexões posteriores sobre a dependência. O que ainda falta a Furtado é uma categoria que dê conta da articulação entre dependência externa e dominação interna, e da reprodução dessa articulação. Essa categoria vem a ser a modernização dos padrões de consumo, como norte do processo de incorporação de inovações que caracteriza o desenvolvimento dependente. Retomaremos esse ponto em nosso segundo capítulo.

sistema industrial precisa autonomizar-se em relação ao setor externo, o que significa internalizar o setor produtor de bens de produção, permitindo-lhe repor e ampliar sua capacidade produtiva, suas bases materiais, sem incorrer em pressões inflacionárias e sobre o balanço de pagamentos. Ou seja, o processo de formação de capital precisa tornar-se relativamente independente da capacidade para importar. De acordo com Furtado: "Somente quando pode apoiar-se na indústria interna para efetivar os seus investimentos é que a economia está preparada para superar a barreira da capacidade para importar, ou pelo menos para reduzi-la a proporções manejáveis" (Furtado, 1964: 115).

O cerne do problema reside em que a industrialização substitutiva tende a atingir um ponto de saturação quando o processo atinge bens de mais difícil substituição, devido aos maiores requisitos de capital e em termos de prazo de maturação dos investimentos. "Cria-se uma barreira ao desenvolvimento, cuja superação exige uma autonomia tecnológica e uma independência no que respeita à oferta de equipamentos que são característicos do pleno desenvolvimento econômico" (Furtado, 1964: 115). Explica Furtado:

> Não obstante, na medida em que crescia a economia com redução do coeficiente de importação, a composição desta se ia modificando, crescendo dentro da mesma a participação dos bens diretamente ligados ao processo de capitalização. Desta forma, se uma redução brusca da procura externa já não afeta necessariamente o nível de emprego no país, seu efeito na taxa de crescimento é imediato (Furtado, 1959: 236).

Além disso, é essencial equipar-se com infra-estrutura adequada, que permita o uso mais racional dos recursos disponíveis no sistema como um todo, de modo a evitar pressões inflacionárias recorrentes e permitir uma integração nacional em novas bases.[36] E, ainda, deveria se equacionar o problema da tecnologia, que diz respeito ao desequilíbrio ao nível dos fatores, característico do subdesenvolvimento, segundo Furtado. A assimilação de técnicas importadas do centro representava um dos grandes problemas do subdesenvolvimento. Isso porque a tecnologia importada resultava de um longo processo de adequação à disponibilidade de fatores nas economias desenvolvidas, onde o fator trabalho apresenta escassez relativa, donde a orientação da tecnologia no sentido de poupar trabalho. "Essa tecnologia, na forma em que se apresenta hoje, incorporada aos equipamentos industriais, resulta, portanto, de um lento processo de decantação. Nesse processo influíram, de maneira fundamental, condições específicas de algumas nações" (Furtado, 1961: 178). Quando transplantada para a periferia, onde em geral o trabalho é abundante, dada

---

36 De acordo com Furtado: "Em face do anacronismo e obsolescência da infraestrutura de que dispunha o país, montada para a economia colonial, urgia um esforço maciço de investimento em setores básicos: transportes, energia elétrica, combustíveis líquidos, siderurgia etc. [...] Essa insuficiência e desconexão dos investimentos infraestruturais criou tensões que aumentaram a vulnerabilidade da economia à inflação" (Furtado, 1964: 124). Além disso: "Assim, como não se preparou a infraestrutura que requeria a transição de uma economia exportadora de produtos primários para outra de base industrial, agravaram-se as disparidades entre as diversas regiões do País. À falta de uma infra-estrutura que facilitasse a mobilidade da mão de obra e a circulação de bens, a economia permaneceu compartimentada regionalmente" (Furtado, 1964: 97).

a reserva do setor pré-capitalista, produz-se um desajuste no uso dos fatores, trazendo implícito um desemprego estrutural. Furtado apresenta o problema em toda sua amplitude:

> O ensaio de industrialização do tipo "substitutivo de importações", durante um certo período constituiu uma alternativa que permitiu levar adiante algumas modificações adicionais nas estruturas produtivas de alguns países. Ocorre, entretanto, que a forma de organização industrial viável em determinadas condições históricas, não é independente do tipo de tecnologia a ser adotada. A tecnologia que a América Latina teve de assimilar na metade do século XX é altamente poupadora de mão de obra e extremamente exigente no que respeita às dimensões do mercado. Dentro das condições presentes da América Latina a regra tende a ser o monopólio ou o oligopólio e uma progressiva concentração da renda, a qual, por seu lado, ao condicionar a composição da demanda, orienta os investimentos para certas indústrias que são exatamente as de elevado coeficiente de capital e mais exigentes com respeito às dimensões do mercado (Furtado, 1966: 39).

Assim, além de internalizar um setor de bens de capital (capacidade autônoma de reposição e ampliação da capacidade produtiva), era necessário superar a dependência tecnológica, engendrar um progresso técnico em conformidade com a realidade nacional, com a disponibilidade de fatores. Em suma:

> Destarte, se é verdade que os países subdesenvolvidos crescem pela simples assimilação de técnicas já

conhecidas (e pela correspondente acumulação de capital), também o é que a transplantação dessas técnicas traz implícito, quase sempre, um subemprego estrutural de fatores. Essa dificuldade não poderá ser contornada senão através de um esforço de adaptação da tecnologia, o qual é tanto mais difícil quanto os países subdesenvolvidos carecem, via de regra, de indústria própria de equipamentos. Nesse desajustamento básico entre oferta virtual de fatores e orientação da tecnologia reside, possivelmente, o maior problema que enfrentam atualmente os países subdesenvolvidos (Furtado, 1961: 91).

As consequências sociais da tecnologia assimilada, conforme Furtado, são notórias:

> Explica-se, deste modo, que uma economia, onde a produção industrial já alcançou elevado grau de diversificação e tem uma participação no produto que pouco distingue da observada em países desenvolvidos, apresente uma estrutura ocupacional tipicamente pré-capitalista e que grande parte de sua população esteja alheia aos benefícios do desenvolvimento (Furtado, 1961: 193).

Enfim, o processo substitutivo, por sua própria natureza, leva à assimilação de técnicas alheias que estão na base da progressiva concentração da renda e seu correlato, o debilitamento do mercado interno. Isso nos põe em contato com os limites à industrialização que dizem respeito mais imediatamente à estrutura social do subdesenvolvimento.

DEPENDÊNCIA E SUBDESENVOLVIMENTO

Logo, outro foco de tensões consiste na sobrevivência de uma estrutura agrária anacrônica, herança colonial, cuja forma de organização predominante, desde suas origens coloniais, foi a grande propriedade (latifúndio), fundada na apropriação privada da terra por uma minoria (monopólio privado da terra).[37] O problema, como colocado por Furtado, manifesta-se sobremaneira na agricultura que produz para o mercado interno. Por um lado, a perpetuação de formas pré-capitalistas de subordinação no campo deixa a população rural à margem dos benefícios do desenvolvimento e da participação no sistema político, inibida a luta de classes.[38] Essa mesma população, quando aflui para os centros urbanos, em busca de condições de existência relativamente menos precárias, acaba por constituir uma massa subempregada, agravando o problema da marginalidade social.[39]

---

37 É como indica Furtado: "No Brasil, a agricultura nasceu sob a forma de grande empresa comercial. Esta antecede ao próprio país, pois não resultou da necessidade de sobrevivência de populações que se houvessem fixado no território. A população imigrou exatamente porque era viável organizar a agricultura de exportação. Desta forma, não foi a escassez de terra, como na Europa, ou de mão de obra, como nos Estados Unidos, o que condicionou a evolução da estrutura agrária, e sim a escassez de capital e de capacidade empresarial. A terra era adjudicada em grande escala àqueles que demonstrassem capacidade para utilizá-la. Desta forma, criou-se, desde cedo, o latifúndio como forma de organização da empresa agrícola" (Furtado, 1961: 260).

38 Sobre a relação entre latifúndio e sobreexploração dos trabalhadores no campo, cf. Furtado (1966: 56 e ss). Ver a nota 27 acima. Além disso, conforme apontamos, a própria orientação da tecnologia assimilada na industrialização substitutiva colaborava para manter a população rural à margem do processo de desenvolvimento em curso. A respeito da precariedade das condições de vida das massas rurais sob a industrialização, ver Furtado (1961: 262-264).

39 Nesse sentido, conforme Furtado: "As massas subempregadas que vivem nas

Por outro lado, a estrutura agrária é marcada pela inadequação aos requisitos materiais da nova sociedade urbano-industrial, ao abastecimento do mercado interno. Na medida em que não incorpora técnicas modernas, a inadequação da oferta de alimentos e insumos favorece o parasitismo dos grupos latifundiários, que pela elevação dos preços apropriam-se de parte dos lucros industriais, contraindo a base de recursos (autofinanciamento) para novos investimentos industriais. Nos dizeres de Furtado:

> Aqueles setores da classe dirigente que, apoiados na estrutura agrária semifeudal, vinham exigindo uma participação crescente no produto, descobriram-se em toda a sua dimensão antissocial no momento em que decresceu a taxa de crescimento desse produto. Generalizou-se entre setores de opinião cada vez mais amplos a consciência de que as possibilidades de desenvolvimento vinham sendo coarctadas pela ação de grupos que, apoiados em uma estrutura anacrônica, se permitiam absorver parcela apreciável do incremento do produto (Furtado, 1964: 127-128).

---

grandes cidades vêm crescendo bem mais rapidamente do que a população regularmente ocupada nas indústrias e nos serviços. É este um fenômeno que dificilmente se poderia explicar sem ter em conta as características da atual estrutura agrária do País. [...] Como resultado desse processo, nas cidades médias e grandes brasileiras se foram acumulando massas de subempregados, ocasionalmente ocupados em obras públicas, em construções civis privadas, em formas precárias de serviços, vivendo na esperança de que algum dia um dos membros da família tenha uma forma permanente de emprego" (Furtado, 1966: 102-103).

DEPENDÊNCIA E SUBDESENVOLVIMENTO

Ora, trata-se de um padrão predatório de agricultura, que em condições de oferta elástica de mão de obra e terras pode expandir-se sem incorrer em pressões por mudanças estruturais, condenando o trabalhador rural a ignorar ganhos significativos de salário real e dispensando a incorporação de técnicas modernas. "Assim, o crescimento da produção agrícola se vem fazendo à base de uma oferta elástica tanto de mão de obra como de terras", diz Furtado. "Em tais condições explica-se que nenhuma pressão haja surgido dentro da própria agricultura para modificar a sua estrutura" (Furtado, 1961: 263). É, portanto, conforme Furtado, uma estrutura agrária de caráter antissocial, que entra em contradição com o desenvolvimento industrial. Logo, o livre desenvolvimento das forças produtivas pressupõe a eliminação daquela base de privilégios por meio da reforma agrária, e a racionalização da economia agrícola pela modernização e "tecnificação" do campo.[40]

O capital estrangeiro representa um empecilho adicional. Na medida em que o processo de substituição de importações aproximava-se do limite de suas possibilidades, ao confrontar-se com insuficiências técnicas e de capital do empresariado local, a industrialização teve que apoiar-se progressivamente no capital estrangeiro. Isto é, vinha ocorrendo um processo de desnacionalização, sob a afirmação do poder – financeiro e tecnológico – do capitalismo monopolista internacional, em condições de assumir o controle de segmentos crescentes da economia industrial e de definir padrões de consumo incompatíveis com o grau de desenvolvimento da economia.[41] O problema estava

---

40 Cf. Furtado (1961: 267), e Furtado (1964: 123-124).

41 Ver Furtado (1964), parte II, cap. 2. Nesse ponto, já se insinua a noção de

na drenagem de recursos que as remessas e serviços do capital estrangeiro representavam, o que agravava o desequilíbrio externo (restrição à capacidade para importar) e reduzia o montante de recursos disponíveis para o investimento. De acordo com Furtado, com a permissividade em relação ao capital internacional, "criou-se uma economia industrial de elevados e crescentes insumos de divisas, em contradição com as possibilidades presentes e previsíveis da capacidade para importar, e totalmente orientada para padrões de consumo que não correspondem ao grau de desenvolvimento do país" (Furtado, 1964: 132). Ou seja, prossegue, "houve um amplo processo de desnacionalização da economia, o qual levaria inexoravelmente ao estrangulamento externo" (*Ibidem*). Furtado deixa explícita a gravidade do problema:[42]

> A classe capitalista industrial, amplamente associada a grupos externos nos quais encontrou sempre uma chave para solucionar problemas ocasionais, não está capacitada para captar a natureza e a profundidade do problema. Ainda é corrente supor-se que este poderá ser solucionado "recuperando a confiança externa" e atraindo novos capitais alienígenas, como se a contradição não tendesse necessariamente a agravar-se uma vez que se repita no futuro o que se fez no passado. Na situação

---

modernização dos padrões de consumo. Ver a nota 35.

42 Entretanto, cabe mencionar desde já que, nesse momento da trajetória intelectual de Furtado, a problemática do capital estrangeiro – ou, por outros termos, do imperialismo – está longe de atingir as proporções calamitosas que virá a ter quando aquele autor se debruçar sobre o processo de transnacionalização do capital, em suas repercussões sobre o desenvolvimento nacional. Esse será o eixo de nosso segundo capítulo.

DEPENDÊNCIA E SUBDESENVOLVIMENTO

presente, para atender aos compromissos do passado, seja os custos financeiros em divisas da economia seja os débitos com prazo fixo, seria necessário reduzir à metade as importações, o que significaria parar o desenvolvimento e provocar comoção social. É esta, seguramente, a mais aguda contradição interna do desenvolvimento brasileiro na fase presente [...] (Furtado, 1964: 133).

Havia a necessidade de submeter o capital estrangeiro a rígidos controles, pautados pelo objetivo maior do desenvolvimento,[43] e manter o controle nacional em setores estratégicos (setores básicos), pré-condição para a autonomia dos centros internos de decisão.

Como se assegurar-se desses requisitos, em si mesmos, já não representasse um desafio de grandes proporções, Furtado ainda ressalta as desfavoráveis condições políticas para a superação das duas contradições fundamentais da industrialização periférica: a contradição entre latifúndio e industrialização e entre capital estrangeiro e capital nacional. Em outros termos, a perpetuação de formas de exploração ultraextorsivas e estruturas sociais anacrônicas, e da dependência externa, da condição subordinada no sistema capitalista mundial. A dificuldade residia em que, do ponto de vista de nosso empresariado, ocorria um esvaziamento dos antagonismos entre

---

43 De acordo com Furtado: "Inexistiu, assim, qualquer disciplina legal específica que tivesse em conta os conflitos potenciais entre os interesses de grupos estrangeiros controladores de capitais no país e aqueles do próprio desenvolvimento nacional. Ficou a matéria ao sabor da lei do mais forte" (Furtado, 1964: 131-132). "Devemos ter um estatuto legal que discipline a ação do capital estrangeiro, subordinando-o aos objetivos do desenvolvimento econômico e da independência política" (Furtado, 1962: 32).

81

capitalistas industriais e grupos tradicionais e grupos estrangeiros. Nas circunstâncias em que transcorreu a industrialização, a classe industrial não se afirmou como classe dirigente, persistindo a predominância política das oligarquias.[44] Como já vimos, a associação com o capital estrangeiro permitia aos industriais brasileiros solucionar as limitações técnicas e de capital das quais sofriam. Por outro lado a inexistência de conflito com os latifundiários radicava no fato de que a industrialização substitutiva não se desenvolvera em contradição com o setor tradicional, mas antes dependendo das divisas geradas pelas atividades tradicionais de exportação. Além disso, nos dizeres de Furtado, "a industrialização, suporte da nova classe capitalista, é uma decorrência da crise da economia colonial e da forma como esta continua a defender-se, e não um fator causante dessa crise" (Furtado, 1964: 113).

Ademais, trata-se de uma burguesia débil, condicionada pela alta lucratividade, não sendo capaz – e tampouco desejosa – de assumir as tarefas mais prementes do desenvolvimento, no sentido de levar a cabo investimentos que consolidem um sistema industrial altamente diferenciado e integrado. Na ausência de uma política de desenvolvimento efetiva, que orientasse os investimentos para os setores em que mais se fazia sentir sua insuficiência, e de reformas estruturais que modernizassem o marco institucional brasileiro, no sentido de expurgar seus anacronismos, a industrialização avançava apoiada em um padrão de distribuição de renda crescentemente desigual. Os

---

44 Sobre a incapacidade do empresariado nacional em se constituir enquanto classe dirigente, que pudesse assumir a liderança da modernização do marco institucional e, assim, encabeçar uma política de desenvolvimento efetiva, ver Furtado (1966: 100-101).

capitais privados orientavam-se preferencialmente para os setores em que maior se fazia a rentabilidade, e que correspondiam justamente àqueles em que o coeficiente de capital era mais elevado – acentuando o desemprego estrutural e a concentração de renda – e onde a estreiteza do mercado se fazia sentir ainda mais – levando à progressiva perda de eficiência econômica desses investimentos, altamente exigentes em termos de escala.[45] Se imperassem as "forças do mercado", o processo substitutivo se encaminharia para o atendimento ao consumo das minorias que se apropriavam dos incrementos de renda, consumo este que, dessa forma, se ampliava e se diversificava mais rapidamente que o das massas trabalhadoras.[46]

O que cabe reter é que o processo de industrialização substitutiva, havendo transcorrido em condições de oferta elástica de mão de obra, combinada a uma tecnologia poupadora de trabalho e a uma progressiva orientação dos investimentos no sentido de processos produtivos de elevados requisitos de capital, mantém os salários reais estáveis, desvinculados do nível de produtividade. Os incrementos de renda, sendo prioritariamente apropriados pelos capitalistas, constituem-se em uma rentabilidade desproporcional da qual podem desfrutar e que constitui o dínamo do padrão antissocial de desenvolvimento que até então vingara. Mas, na leitura de Furtado, esse processo seria autofágico, na medida em que instilava uma crescente e descomunal desproporção entre consumo e investimento, entre mercado interno e

---

45 Cf. Furtado (1966), capítulos 3 e 4.

46 Cf. Furtado (1961: 255-258).

acumulação capitalista, tendendo à estagnação. Furtado assim resume essa sua concepção:

> Em síntese: tudo se passa como se a existência de um setor pré-capitalista de caráter semifeudal em conjugação com um setor industrial que absorve uma tecnologia caracterizada por um coeficiente de capital rapidamente crescente, desse origem a um padrão de distribuição de renda que tende a orientar a aplicação dos recursos produtivos de forma a reduzir a eficiência econômica destes e a concentrar ainda mais a renda, num processo de causação circular. No caso mais geral, o declínio da eficiência econômica provoca diretamente a estagnação econômica. Em casos particulares, a crescente concentração da renda e sua contrapartida de população subempregada que aflui para as zonas urbanas, criam tensões sociais que, por si, são capazes de tornar inviável o processo de crescimento (Furtado, 1966: 86).

Em síntese, podemos definir o subdesenvolvimento como uma conformação social extremamente precária que, por suas características, a saber, a reprodução dos vínculos de dependência externa, de caráter multifacetado (tecnológica, financeira, cultural etc.), e de um padrão de dominação interna que corresponde a formas perversas e perenes de segregação social, impede o encadeamento de acumulação e consumo em um movimento endógeno de desenvolvimento das forças produtivas. Logo, sua superação não pode se dar nem espontaneamente, nem dentro do marco institucional vigente. Exige a eliminação tanto da dependência externa quanto

DEPENDÊNCIA E SUBDESENVOLVIMENTO

das formas tradicionais de dominação, a tarefa descomunal que serve de substrato às formulações teóricas de Furtado. O que não pode deixar de ser notado é a disparidade entre as condições ideais que correspondem ao desenvolvimento, na concepção de Furtado, e as situações objetivas, por ele mesmo ressaltadas, das sociedades dependentes.

A essa altura, é conveniente fazer um balanço das condições indispensáveis ao desenvolvimento capitalista nacional, que perpassam os escritos de Furtado até agora considerados. A internalização do centro dinâmico – entendida como a constituição de um sistema industrial apoiado no mercado interno – é a condição primeira. Antes de tudo, deve apoiar-se em um mercado interno relativamente amplo, para tanto devendo eliminar formas de segregação social e o padrão de distribuição de renda antissocial que caracterizam o subdesenvolvimento. Por outro lado, aquele sistema industrial deve ter uma orientação dos investimentos e uma base técnica que permitam reproduzir aquelas condições. A internalização dos centros de decisão, segundo pressuposto do desenvolvimento endógeno, vem em parte como decorrência da internalização do centro dinâmico. A diferenciação do sistema industrial (no limite, a produção interna de bens de capital) proporciona os meios para a autodireção da economia nacional, de modo a não mais precisar responder a circunstâncias e ditames impostos pelo capitalismo internacional. O funcionamento do sistema econômico passaria a se pautar por decisões tomadas em bases nacionais, pelo autocontrole das variáveis econômicas estratégicas – fundamentos de uma política econômica soberana. O Estado é a instância privilegiada, o centro de decisão por excelência, daí sua centralidade na consecução do desenvolvimento. Por isso

85

o aparelho estatal deve estar atualizado, em conformidade com as novas exigências que lhe são imputadas. O Brasil teria reunido as condições materiais mais indispensáveis ao desenvolvimento nacional. Nesse sentido, o país estaria equipado para dar o grande salto rumo à sua plena afirmação enquanto Nação. Faltava uma vontade política que permitisse articular as condições objetivas alcançadas em torno a um projeto nacional de desenvolvimento. É nesses termos que é possível afirmar que, seguindo a concepção de Furtado, ainda estava por se construir o último pressuposto do desenvolvimento nacional: a democratização dos centros de decisão. Ou seja, era imprescindível avançar na integração da classe trabalhadora, urbana e rural, no sistema político, de maneira geral, e nas decisões econômicas, em particular, de modo a assegurar a socialização dos benefícios do desenvolvimento e impedir o retrocesso a estruturas de privilégios incompatíveis com o desenvolvimento. Somente assim teríamos constituído uma vontade coletiva que, unificada pelo fim maior que representa o progresso material da sociedade nacional, seria o fundamento de um Estado democrático moderno. Em Furtado, a democracia é atributo – e pré-condição – indissociável do desenvolvimento nacional.[47]

Em síntese, Furtado admite a possibilidade de um "capitalismo virtuoso", em que o processo de acumulação de capital fica subordinado aos desígnios da sociedade nacional, de maneira a se conciliar com a riqueza da nação em sua totalidade e amplitude. Em contraposição, o subdesenvolvimento

---

47 Sobre a concepção de Furtado de democracia capitalista, ver Furtado (1962), capítulos 1 e 5, e Furtado (1964), parte I, capítulos 5 e 6. Cf. Furtado (1966), cap. 4. Consultar, também, Guimarães (2000) e Nabuco (2000).

DEPENDÊNCIA E SUBDESENVOLVIMENTO

representaria uma "perversão" do capitalismo, em que não se manifestam as potencialidades civilizatórias do capital. A separar uma forma da outra, não haveria, fundamentalmente, nada além de vontade política. Furtado transitou de uma postura mais otimista para um pessimismo crítico. Mas o desenvolvimento nacional ainda permanecia no horizonte, como promessa, dado que o país ao menos já se dotara dos pressupostos fundamentais do desenvolvimento nacional – um sistema industrial com relativo nível de complexificação, centros internos de decisão e alguma democracia (até 1964). Será a realidade que se mostrará cada vez mais adversa a esse prognóstico, conforme se desenrolam as novas tendências do sistema capitalista mundial.

A crise do nacional-desenvolvimentismo e o debate sobre a dependência

É a partir de meados dos anos 1960 que se estabelece uma nova controvérsia sobre o desenvolvimento econômico na América Latina, como resultado do esforço crítico à concepção nacional-desenvolvimentista de industrialização, da constituição de capitalismos nacionais, como modo de superação do subdesenvolvimento. Nesse sentido, esse conjunto de críticas e novas interpretações, que buscam superar tanto os marcos teóricos da Cepal quanto do PCB, afiguram-se como um primeiro contraponto pela esquerda ao projeto de desenvolvimento nacional, e à teorização que o fundamentava, conforme pensado por Furtado e outros proponentes do ciclo desenvolvimentista. Esse período dá continuidade à verdadeira efervescência política e intelectual que vinha marcando a América Latina desde a década de 1950, nos grandes embates que buscavam explicar e encontrar uma saída própria para a situação de atraso material e social dos países da região. As novas circunstâncias, se trarão frustrações, não deixarão de alimentar esperanças e levar as confrontações ideológicas ao paroxismo. Era um momento em que o sentimento de fazer-se a História se fazia muito presente, e é em tal contexto que surgem as contribuições sobre a dependência.[48]

O contexto adverso que a década de 1960 revelou para os países latino-americanos, sobretudo para as economias mais avançadas do ponto de vista do desenvolvimento industrial, apontava claramente para a necessidade de superação do marco teórico em que se vinha interpretando (e orientando) o processo de industrialização periférico. No Brasil, conforme vimos, haviam se explicitado todas as contradições da industrialização substitutiva, vindo a se traduzir em uma crise prolongada e tensões sociais que só foram contidas com o regime autocrático. Portanto, a solução que se apresentou não veio pela via das reformas estruturais, mas pelo golpe contra-revolucionário liberal-conservador.

Com o golpe, afirma-se a dominação do grande capital monopolista, impondo a continuidade do padrão de desenvolvimento vigente, apoiado no controle pelo capital estrangeiro dos setores dinâmicos, com o capital nacional à sua

---

48 Furtado encarnou exatamente as promessas e frustrações desse período, pois esteve diretamente envolvido tanto na política – até o golpe de 1964 – quanto no debate intelectual que segue adiante. Sua experiência é retratada em suas obras autobiográficas: Furtado (1985; 1989b; 1991). Para um panorama daquele momento histórico, ver Faletto (1998).

DEPENDÊNCIA E SUBDESENVOLVIMENTO

sombra e o Estado no apoio da acumulação de capital.[49] O ajuste econômico que então se faz necessário, realiza-se justamente impondo o ônus às massas trabalhadoras, mediante uma política econômica nitidamente orientada para a adequação do padrão de distribuição de renda à nova rodada do desenvolvimento dependente e associado. "A política do novo governo militar criou as condições para uma reorganização do esquema distributivo 'conveniente' ao sistema, começando por redistribuir a renda em favor dos setores das classes médias 'altas' e contra as classes populares assalariadas" (Tavares & Serra, 1971: 244). Tal como indicam Tavares e Serra:

> Na atual etapa de desenvolvimento capitalista da economia, o Estado brasileiro não tem tido, ao contrário do que ocorria em épocas anteriores, maiores compromissos com a chamada burguesia "nacional" ou com esquemas de tipo populista. Neste sentido, teve as mãos livres para executar as reformas institucionais correspondentes a um acelerado processo de modernização e para promover, inclusive, uma divisão mais concreta de tarefas com o capital estrangeiro (enquanto Estado-empresário). Assim, tem sido possível o desenvolvimento de uma crescente solidariedade entre ambos (Tavares & Serra, 1971: 226-227).

Posteriormente, por meio dessas medidas, viabilizou-se a recuperação da economia brasileira, dando início ao período do "milagre econômico". Enfim, o capitalismo brasileiro

---

49 Cf. Ianni (1984: 106-108, esp.). Sobre o novo padrão de desenvolvimento, amparado no núcleo solidário de expansão constituído pelo capital internacional e pelo Estado brasileiro, ver Tavares & Serra (1971).

parecia em pleno vigor, a despeito da ausência de democracia, de soberania e de homogeneidade social. É a crise do desenvolvimentismo e a afirmação do desenvolvimento autoritário – dependente e associado. Em linhas gerais, situação similar se reproduziu em outros países da América Latina, redundando na instauração de regimes ditatoriais através do continente. Tratou-se de uma conjunção de crise econômica, crise social e crise política, que não poderia ser compreendida sem se levar em conta a nova face do sistema capitalista internacional.

O sistema capitalista mundial havia passado por grandes transformações no pós-guerra, que não poderiam passar despercebidas por aqueles que procuravam apreender a problemática do desenvolvimento periférico. Afinal, as experiências mais exitosas de industrialização substitutiva haviam se apoiado na presença maciça do capital estrangeiro, sobretudo em sua nova configuração: a grande corporação multinacional. Em primeiro lugar, do ponto de vista político, o cenário internacional do pós-guerra estava marcado pela consolidação dos Estados Unidos como nova potência hegemônica do capitalismo, sustentada em um poderio econômico e militar que, com a Segunda Guerra Mundial, alcançara sua maturidade. Por esses meios, os Estados Unidos conseguem definir os termos da reorganização do sistema capitalista mundial, que se constituíram na ordem de Bretton Woods.

Como resultado da guerra, as rivalidades imperialistas haviam se diluído, devido à devastação das principais economias europeias, mas também devido à segunda peculiaridade do pós-guerra: a bipolarização entre Estados Unidos e União Soviética, entre capitalismo e comunismo em nível mundial. Os Estados

DEPENDÊNCIA E SUBDESENVOLVIMENTO

Unidos, enquanto potência imperialista, assumiram uma política externa que visava assegurar a integridade de sua esfera de influência, do sistema capitalista mundial, sob o risco das revoluções socialistas. Para a América Latina, região mais imediatamente subordinada aos Estados Unidos, isso significou ingerência externa em seus processos de desenvolvimento (por meio da "ajuda externa") e profunda intolerância a transformações sociais que pusessem em risco sua permanência na órbita capitalista.

Do ponto de vista econômico, o período marca o início do processo de transnacionalização do capital, apoiado na difusão da empresa multinacional (tanto industrial quanto financeira). Com o advento da transnacionalização do capital, instauram-se novas tendências na evolução do sistema capitalista mundial, que só vem a atingir sua plenitude na década de 1990, no apogeu da "globalização". O progresso tecnológico suscitado pela guerra promoveria tanto um aumento nas escalas de produção, colocando a necessidade do capital transcender os limites estreitos dos mercados nacionais como espaço de valorização, quanto forneceria as bases técnicas (telecomunicações, informática, tecnologia espacial etc.) para a operação em escala multinacional das grandes corporações, dando a possibilidade do capital se transnacionalizar. Ainda com relação à dimensão tecnológica, os processos produtivos irão se orientar cada vez mais para a redução da importância relativa do trabalho vivo, o que virá a se expressar concretamente em desemprego estrutural e perda do poder de barganha da classe trabalhadora.[50]

---

50 De acordo com Magdoff, "devemos ter em vista o feliz amálgama da nova tecnologia com a corporação internacional" (Magdoff, 1969: 48). "A nova tecnologia suscitada pela guerra é muito mais internacional, em suas perspectivas, que a antiga e tem, portanto, conexões especiais para as atuais e

Outra dimensão, a financeira, relaciona-se com a internacionalização dos bancos estadunidenses e a constituição de um sistema financeiro internacional integrado, com a mobilização de grandes somas de recursos e as inovações financeiras que irão proporcionar extrema mobilidade (e volatilidade) ao capital financeiro. Em outras palavras, o capital financeiro busca colocar-se além de quaisquer controles e regulações nacionais. "A integração do sistema financeiro internacional levou ao paroxismo a liberdade de movimento de capitais, generalizando, para as economias centrais, um problema que até então se restringia aos países subdesenvolvidos: a incapacidade de circunscrever o circuito de valorização do capital ao espaço econômico nacional" (Sampaio Jr., 1999: 18-19).

É importante ressaltar, ainda, que o impulso à transnacionalização não era apenas um imperativo tecnológico, pois decorria, em primeira instância, do patamar atingido pelo processo de concentração e centralização do capital monopolista, tendo como ponto de partida a economia estadunidense.[51] A tendência que se instaurava era a da progressiva necessidade de diluição das fronteiras econômicas, dos espaços econômicos nacionais, sob a atuação do capital monopolista em busca de valorização. Todo esse processo se inicia no pós-guerra, para se acelerar nos anos 1970, com o colapso do sistema de Bretton Woods, e se afirmar em sua plenitude na década de 1990, consolidando a hegemonia do projeto neoliberal.[52]

---

futuras operações do imperialismo" (Magdoff, 1969: 47).

51 Como lembra Magdoff (1969), a internacionalização do capital resulta da tendência à concentração, intrínseca ao capitalismo, levada aos extremos, sob a forma de corporações gigantescas. Cf. Magdoff (1969), cap. 1.

52 Sobre as referidas novas características do sistema capitalista mundial no pós-

Para a periferia do capitalismo, esse processo significou, inicialmente, a busca, pelos grandes grupos internacionais, de seus mercados internos, sobretudo onde estes haviam se desenvolvido ao impulso das primeiras etapas da industrialização substitutiva. Esses mercados recém-constituídos representavam um novo campo de oportunidades de valorização para o capital monopolista. Foi assim que o capital internacional, na forma da empresa multinacional, surgiu como suporte para o desenvolvimento industrial em regiões periféricas, viabilizando a constituição de setores produtivos que não estavam à altura do débil capital nacional. A contrapartida era a desnacionalização de importantes setores produtivos e o controle dos setores mais dinâmicos e estratégicos pelo capital estrangeiro.[53] Pois bem, o interesse do capital internacional pelos mercados periféricos permitiu compatibilizar imperialismo e industrialização, baseada em espaços econômicos e marcos institucionais bem delimitados, o que parecia compatibilizá-lo também com a formação dos Estados nacionais periféricos. Isto é:

> O objetivo destas empresas, então, era evitar que as unidades produtivas deslocadas para a periferia sofressem a concorrência de produtos importados. A política de conquista de mercados internos periféricos levava o capital internacional a exigir um espaço econômico bem delimitado. Por isso, ainda que o horizonte de valorização fosse transnacional, o processo

---

-guerra, ver Magdoff (1969), capítulos 2 e 3, e Sampaio Jr. (1999), cap. 1, item 1. Elas ainda serão reconsideradas no segundo capítulo do presente trabalho.

53 No caso brasileiro, em particular, ver Tavares & Serra (1971: 224-227, esp.).

produtivo operava sob marcos institucionais rigidamente demarcados, e o ciclo de reprodução ampliada do capital produtivo tendia a circunscrever-se ao espaço econômico nacional (Sampaio Jr., 1999: 22-23).

No entanto, o que o capital internacional continha em germe, pelos desenvolvimentos do sistema capitalista mundial apontados, era a desarticulação dos sistemas econômicos nacionais, a remoção dos pressupostos do desenvolvimento capitalista em bases nacionais. Em seu movimento de transnacionalização, o capital pauta-se por estratégias de valorização em escala planetária, de modo que ora "trata-se de quebrar as barreiras entre os diferentes espaços econômicos nacionais" (Sampaio Jr., 1999: 23).[54] É essa ambiguidade do capital estrangeiro, que se mantém naquele momento, que determinará os novos rumos do debate latino-americano sobre o desenvolvimento capitalista, originando a controvérsia sobre a dependência.[55] É nesse momento, também, que a economia brasileira, sob a política econômica do regime militar, que cria as condições para um desenvolvimento subordinado ao capital monopolista internacional, recupera-se e entra na etapa do "milagre econômico". Um desenvolvimento de profundo caráter antissocial, bem entendido, conforme já fizemos notar.

---

54 Sampaio Jr. prossegue: "Nesse contexto, o objetivo das empresas transnacionais não é controlar o processo de industrialização das economias periféricas, mas diluir as economias dependentes no espaço do mercado global, para poder explorar suas potencialidades econômicas sem que isso implique sacrifício de sua própria mobilidade espacial" (Sampaio Jr., 1999: 23).

55 Palma (1981) apresenta um bom panorama geral em torno à problemática da dependência, desde suas origens marxistas.

De um lado do debate, estabelece-se a concepção de que não apenas o desenvolvimento dependente era inviável, mas que ressalta a impossibilidade do próprio desenvolvimento capitalista periférico. Na periferia, o capitalismo estaria privado de qualquer um de seus atributos progressistas, de seu conteúdo civilizatório, sendo levado ao limite seu caráter antissocial, antidemocrático e antinacional. Como representante da teoria marxista da dependência,[56] Ruy Mauro Marini[57] estuda a situação de dependência a partir da compreensão do sistema capitalista mundial como uma totalidade, em que as partes cumprem determinadas e distintas funções no processo de acumulação em escala mundial. As economias periféricas constituem-se, historicamente, como organizações produtivas orientadas para o exterior, como suporte à acumulação capitalista nas economias centrais, mediante expropriação, pelo imperialismo, de parte da mais-valia que ali se gera. As burguesias dependentes, submetidas a essa perda de excedente no comércio internacional, são obrigadas a buscar formas de compensação para se manterem enquanto tais, isto é, enquanto capitalistas. A superexploração do trabalho é a principal delas, sendo a forma como as relações de produção, ou mais precisamente as condições de extração de mais-valia, se constituem internamente em resposta à condição dependente. Daí resulta a precariedade do padrão de existência das

---

56 De acordo com Palma: "El núcleo central en torno al cual se organiza el análisis de estos estudios de la dependencia es que el capitalismo, en un contexto de dependencia, pierde su carácter históricamente progresivo, y que, por lo tanto, solamente puede generar subdesarrollo" (Palma, 1981: 57).

57 Para uma breve exposição do pensamento de Ruy Mauro Marini, cf. Camargo (2007) e Traspadini & Stedile (2005).

massas, que não se integram em um mercado consumidor, o que não constitui problema à burguesia local, posto que as condições de realização da produção não se vinculam ao espaço econômico nacional. Em outros termos, o capitalismo dependente prescinde dos trabalhadores enquanto sujeitos do consumo, imputando-lhes uma remuneração abaixo das necessidades de reprodução da força de trabalho.

Ainda conforme Marini, esse quadro não se modifica substancialmente no caso das economias latino-americanas que atingiram a industrialização, pois tratou-se de mero desdobramento da dependência. As industrializações latino--americanas sustentaram-se no ingresso de grandes empresas transnacionais, com seu padrão tecnológico orientado para poupar trabalho, e na produção de bens de consumo duráveis, atendendo o padrão de consumo das elites, muito além das possibilidades de consumo dos trabalhadores. Entretanto, segundo Marini, a ruptura entre produção e circulação cria problemas dinâmicos na etapa industrial. A economia brasileira, que teve êxito em atingir etapas mais avançadas da industrialização, contando com uma estrutura produtiva diversificada, acaba necessitando de um esquema de realização próprio, pelo grande descompasso entre consumo e produção. Surge o subimperialismo, um segundo mecanismo de compensação da burguesia dependente, em que o Estado e o capital estrangeiro atuam de maneira a recriar as condições de realização. De um lado, o Estado cria mercados, seja pelo seu próprio dispêndio, seja atuando de forma a distribuir regressivamente a renda. De outro lado, o capital estrangeiro transforma a economia em exportadora de manufaturas, na nova fase da divisão internacional do trabalho, assegurando mercados externos.

Segundo Marini, o golpe de 1964 teria representado a afirmação do projeto subimperialista, marcando a capitulação da burguesia industrial nacional, frente à total inviabilidade de um projeto de desenvolvimento capitalista autônomo, e sua definitiva associação com o capital monopolista internacional. Portanto, para Ruy Mauro Marini, os entraves ao desenvolvimento nos países dependentes estariam em suas próprias relações de produção, que se moldam de forma a repor a dependência. Na periferia do capitalismo, o desenvolvimento capitalista priva-se de seu conteúdo civilizatório, sendo inviável superar os traços de subdesenvolvimento em seus marcos, porque esses traços são constitutivos e funcionais ao desenvolvimento dependente. A solução somente poderia se encontrar na supressão de tais relações de produção, redefinindo radicalmente as condições de reprodução da vida social, através da revolução socialista.

Florestan Fernandes[58] representa uma abordagem autônoma no estudo do capitalismo dependente, mas aproxima-se da interpretação de Ruy Mauro Marini. Seu entendimento do desenvolvimento capitalista periférico tem como fundamento a apreensão da especificidade da revolução burguesa atrasada. A reprodução do subdesenvolvimento e da dependência é indispensável à sobrevivência das burguesias dependentes, caracterizadas pela sua debilidade. Não

---

58 Sobre Florestan Fernandes e sua interpretação do capitalismo dependente, ver Del Roio (2000: p. 106-114), e Sampaio Jr. (1999), cap. 4, principalmente, mas também p. 69-71, 87-89 e 214-220.

sendo capazes de fazer frente aos padrões de concorrência internacionais e aos impactos das revoluções tecnológicas emanadas do centro, precisam recorrer ao superprivilegiamento como forma de proteção contra a incerteza e o risco, o que se revela como uma racionalidade capitalista ultraespeculativa e ultraextorsiva. A burguesia dependente necessita recorrer a expedientes tais como formas de acumulação primitiva e superexploração do trabalho, de onde se explica seu "medo pânico" diante de qualquer transformação social, sua extrema intolerância ao conflito político, fechando ao povo a participação na política.

Para Florestan Fernandes, tais burguesias não são capazes de conciliar o regime de produção capitalista com o regime democrático burguês, com a revolução nacional, como no caso clássico. E não podem prescindir da associação com o imperialismo, pois somente assim podem ter acesso aos padrões de modernidade aos quais aspiram como ideal. Assim, o dinamismo do capitalismo dependente fica subordinado ao grau de modernização aceitável ao bloco monolítico das classes dominantes, sempre calibrado pela necessidade de preservar o superprivilegiamento, ou seja, perpetuar o regime de segregação social. O capitalismo dependente é um produto histórico dessa revolução burguesa peculiar, que reproduz nexos de dominação externa e estruturas sociais anacrônicas, revelando-se incapaz de conciliar desenvolvimento, soberania e democracia. Essa revolução burguesa termina por assumir uma dinâmica contrarrevolucionária e adquire um caráter antidemocrático e antinacional. É a negação do projeto de desenvolvimento capitalista autônomo.

Nessas circunstâncias, em Florestan Fernandes, a supressão dos desproporcionais privilégios da elite é fundamental para compatibilizar desenvolvimento econômico e democracia social. Não há como sair do impasse histórico do subdesenvolvimento sem quebrar a dupla articulação do padrão de acumulação e dominação burguesa com o imperialismo e com os anacronismos da sociedade colonial. É um processo que só pode se originar a partir de dentro, pela negação não só do imperialismo, mas também da burguesia dependente, pela superação do próprio capitalismo dependente, enfim, por intermédio da revolução proletária, pela via do socialismo.[59]

O outro lado do debate corresponde à perspectiva do desenvolvimento dependente e associado, isto é, a possibilidade de um desenvolvimento capitalista periférico sem ter como pré-condição a eliminação da situação de dependência externa. Fernando Henrique Cardoso inaugura essa linha, fazendo-se crítico da teoria marxista da dependência e, no seu entender, de todas explicações que recorrem a uma determinação mecânica das economias dependentes pelo movimento

---

59 De acordo com Sampaio Jr. (1999: 217-218), a mudança de diagnóstico de Florestan Fernandes favorável ao socialismo leva em conta a etapa do capitalismo monopolista, que inviabiliza a revolução nacional. Em princípio, Florestan Fernandes não excluía a revolução nacional nos marcos capitalistas. Mas o quadro de evolução do capitalismo internacional teria suprimido todos seus pressupostos, de maneira que a revolução nacional, onde fosse necessária, viria por meio da revolução socialista. Sobre a consolidação do capitalismo monopolista na segunda metade do século XX e o correspondente esvaziamento das burguesias dependentes enquanto atores sociais progressistas e reformistas, ver Sampaio Jr. (1999: 161-166).

geral do capitalismo internacional.[60] Cardoso propõe que o desenvolvimento latino-americano seja analisado a partir da interação de determinantes gerais e específicos, externos e internos, em situações concretas e particulares, caso a caso. Ou seja, a dependência é uma relação que não se dá por mera imposição externa, mas introjeta-se, encontra expressão no interior da sociedade dependente. Ao enfatizar o papel das forças políticas internas no desenvolvimento periférico, forças essas que fazem a mediação das transformações capitalistas vindas de fora, Cardoso aponta a possibilidade de barganhar com o capital internacional, de pactuar os termos da dependência, compatibilizando a atuação do capital monopolista com os interesses nacionais. A nova configuração do sistema capitalista mundial criava condições para que se os países periféricos pudessem tirar proveito do capital estrangeiro.[61] É como explica Palma:

> La aparición de las llamadas corporaciones multinacionales transformaran progresivamente las relaciones entre el centro y la periferia y las relaciones entre los países del centro. A medida que el capital extranjero se ha dirigido cada vez más hacia la industria manufacturera en la periferia, la lucha por la industrialización, que anteriormente se había visto como una lucha antimperialista, se ha convertido de alguna forma en la *meta* del capital extranjero. Así pues, la dependencia y la industrialización dejan de ser necesariamente

---

60 Cf. Serra & Cardoso (1978).

61 Cf. Cardoso & Faletto (1969). Ver também Palma (1981: 71-75).

DEPENDÊNCIA E SUBDESENVOLVIMENTO

contradictorias y se hace posible encontrar un camino de "desarrollo dependiente" (Palma, 1981: 72).

Dessa forma, não haveria na posição periférica, na condição subdesenvolvida, necessariamente, bloqueios inerentes ao desenvolvimento, ou qualquer tendência inevitável à estagnação do capitalismo dependente. Tudo fica a depender do jogo de forças políticas adequado à negociação com o imperialismo, variando conforme cada caso concreto. Assim sendo, pressupõe que a condição periférica não compromete a capacidade de controle de meios e fins do desenvolvimento.[62] No entender de Sampaio Jr.:

> A evolução das economias dependentes passou a ser vista como uma espécie de eterno *catching up*, cuja eficácia revelaria a maior ou menor capacidade do Estado nacional de articular estratégias de acesso às tecnologias de vanguarda do processo de modernização das forças produtivas (Sampaio Jr., 1999: 39).

Dissolvem-se os condicionantes externos do desenvolvimento dependente, abrindo a possibilidade de compreendê-lo como um processo endógeno de acumulação capitalista.

Seguindo a perspectiva proposta por Cardoso, Maria da Conceição Tavares e José Serra, no artigo "Além da estagnação", procedem à crítica da tese estagnacionista conforme formulada por Furtado e, de modo geral, à visão da inviabilidade do desenvolvimento capitalista na periferia, da precariedade de seu dinamismo. Voltam-se, mais precisamente, para a análise do caso

---

62 Cf. Sampaio Jr. (1999: 38-39).

brasileiro, da espetacular recuperação de sua economia a partir de 1967. De acordo com aqueles autores, o subdesenvolvimento, em seus atributos típicos, não representaria nenhum empecilho ao desenvolvimento do capitalismo dependente, uma vez que este houvesse logrado internalizar seu departamento de bens de produção e, dessa forma, tornar-se autodeterminado.

Ao contrário de outras economias latino-americanas, cujos processos substitutivos haviam se esgotado antes de constituírem "uma base material que lhes permitisse produzir os bens de produção necessários à realização de investimentos relativamente vultosos, intensivos em capital e tecnologicamente mais complexos" (Tavares & Serra, 1971: 222), o Brasil lograra atingir um alto grau de desenvolvimento industrial. Ou seja: "O capitalismo brasileiro tinha condições para passar a um esquema de expansão cujos estímulos emanassem do próprio sistema (sem que isto significasse o enfraquecimento dos laços de dependência externa, que, pelo contrário poderiam tornar-se mais estreitos)" (Tavares & Serra, 1971: 222).

Dessa maneira, marginalidade social, heterogeneidade estrutural, subconsumo etc. não atuariam como forças contrarrestantes ao crescimento, pois a dinâmica capitalista dependeria fundamentalmente do investimento, ou seja, do gasto capitalista como elemento autônomo de demanda efetiva. O problema do mercado não se relacionaria apenas com sua extensão, com o nível de incorporação da população. Assim, segundo Tavares e Serra:

> Marginalidade, desemprego estrutural, infraconsumo etc. não constituem, em si mesmos, nem necessariamente, problemas fundamentais para a dinâmica

DEPENDÊNCIA E SUBDESENVOLVIMENTO

econômica capitalista, ao contrário do que ocorre, por exemplo, com os problemas referentes à absorção de poupanças, oportunidades de investimento etc. (Tavares & Serra, 1971: 212).

Ao colocar a questão como um problema de demanda efetiva, ganha preeminência o gasto autônomo, eminentemente o investimento privado, suplementado e estimulado pelo Estado. Daí a centralidade do investimento.[63] Por esse enfoque, na medida em que se constitua um circuito endógeno de acumulação capitalista, o capital estrangeiro aí deita raízes, tendo de se adaptar à sua dinâmica própria. A dependência, dessa forma, resume-se à dependência tecnológica, a um problema técnico, que se soluciona por meio da associação com o capital internacional, de maneira a suprir descontinuidades técnicas e financeiras do capital nacional. Logo, as possibilidades de expansão ficam determinadas pelo grau de solidariedade com o capitalismo internacional. De acordo com Tavares e Serra: "Ao analisarmos as economias

---

63 Não é por outra razão que, na interpretação desses autores, a crise dos anos 1960 decorre fundamentalmente da queda da taxa de investimento. Como destacam Tavares e Serra: "Um dos determinantes cruciais da dinâmica de uma economia capitalista é o comportamento empresarial" (Tavares & Serra, 1971: 249). E, em sua crítica a Furtado: "Parece evidente que o autor considera a evolução da relação produto-capital como um aspecto essencial no processo de estagnação econômica, embora esta categoria seja mais propriamente um *resultado* do processo econômico, ao contrário do que sucede com categorias relacionadas com o comportamento (como a taxa de lucro esperada). Por isso não nos permite explicar a dinâmica de uma economia capitalista. Ao tomar suas decisões de investimento, o empresário está preocupado com a taxa de lucro que poderá obter, ou seja, o fundamental será o lucro esperado sobre o investimento que virá a realizar" (Tavares & Serra, 1971: 215).

103

da América Latina, podemos dizer que um dos fatores-chave que tem determinado suas possibilidades de expansão tem sido, precisamente, seu grau de maior ou menos 'solidariedade' com o capitalismo internacional" (Tavares & Serra, 1971: 224). Enfim, ao se compreender a industrialização brasileira como a internalização dos mecanismos de acumulação, como a constituição de um processo autônomo de dinâmica capitalista, que chega a termo com a industrialização pesada, elimina-se qualquer antagonismo entre capital estrangeiro e desenvolvimento nacional.[64]

Desse modo, o debate em torno à problemática do desenvolvimento nacional se polariza em duas perspectivas gerais. De um lado, estavam aqueles que apontavam um antagonismo indissolúvel entre a formação de economias nacionais, das bases materiais de Estados nacionais autodeterminados, na periferia latino-americana, e o capitalismo dependente, associado ao imperialismo. Do outro, aqueles que negavam essa contradição, ao entender que a constituição de uma dinâmica endógena de acumulação abria caminho para uma solidariedade virtuosa com o capital internacional, que passava a responder às circunstâncias impostas pelo espaço econômico nacional. Na primeira perspectiva, o problema da formação nacional, a partir da adversidade imposta pelo momento histórico, passa a se identificar com o socialismo. Na segunda, a formação da nação se dissocia do problema do desenvolvimento econômico,

---

64 Essa perspectiva, que viria a desembocar no enfoque do "capitalismo tardio", aparece mais elaborada em Mello (1975), Tavares (1981) e Tavares (1985). Para a crítica, ver Sampaio Jr. (1999), cap. 1, item 2, em especial p. 44-56.

permanecendo à margem da discussão como uma questão de outra natureza ou tomada como dada.[65]

Com os desdobramentos da transnacionalização do capital, que se intensifica a partir dos anos 1970, começa a se revelar a precariedade das bases sobre as quais se assentara o propalado desenvolvimento das economias latino-americanas. "Ao debilitar a capacidade de controle da sociedade sobre as *forças do mercado*, o novo padrão de transformação capitalista desarticulou as premissas econômicas e políticas que haviam possibilitado o funcionamento de sistemas econômicos nacionais relativamente autônomos" (Sampaio Jr., 1999: 21), com consequências particularmente nefastas para as economias periféricas. "O novo marco histórico reduziu dramaticamente [...] o grau de liberdade das economias dependentes de origem colonial, para impulsionar o processo de consolidação de seus Estados nacionais" (Sampaio Jr., 1999: 22). Nos marcos teóricos então dominantes, tornava-se difícil articular as metamorfoses no sistema capitalista mundial com a interrupção do desenvolvimento e, posteriormente, decomposição dos sistemas industriais latino-americanos. É nesse quadro que Celso

---

65 Tavares e Serra deixam essa ideia transparecer no seguinte trecho: "No caso brasileiro, em particular, apesar de que a economia tem-se desenvolvido de modo extremamente desigual, aprofundando um conjunto de diferenças relacionadas com consumo e produtividade, logrou-se estabelecer um esquema que possibilita a autogeração de fontes internas de estímulo e expansão, que confere dinamismo ao sistema. Neste sentido, poder-se--ia dizer que enquanto o capitalismo brasileiro desenvolve-se de maneira satisfatória, a nação, a maioria da população, permanece em condições de grande privação econômica, e isso, em grande medida, devido ao dinamismo do sistema ou, ainda, ao *tipo* de dinamismo que o anima" (Tavares & Serra, 1971: 212). Cf. Tavares (1981).

Furtado, sempre preocupado com o problema da formação, lança-se em um prolongado e intenso esforço de reformulação de suas ideias, de autocrítica, procurando reinterpretar o problema do desenvolvimento nacional a partir dos novos marcos impostos pelo capitalismo transnacionalizado.

Capítulo 2

A transnacionalização do capital e a crise do desenvolvimento nacional

A redução a um papel de dependência da classe de empresários nacionais, interrompeu na América Latina o processo de desenvolvimento autônomo de tipo capitalista, o qual chegara apenas a esboçar-se.

Celso Furtado, *Um projeto para o Brasil* (1968).

A gênese da transnacionalização do capital

Elementos constitutivos da formação de um sistema econômico mundial

A INSTABILIDADE E AS RECONFIGURAÇÕES que se manifestam na economia internacional, sobretudo a partir dos anos 1970, produziram em Furtado uma nítida mudança de diagnóstico sobre as possibilidades do desenvolvimento capitalista nacional nos países periféricos, em especial no caso brasileiro. Se antes a questão central, tal como posta por Furtado, eram os limites inerentes à industrialização substitutiva, agora a problemática insere-se em um contexto muito mais amplo, de metamorfoses no sistema capitalista mundial, que adicionam novos constrangimentos ao desenvolvimento na periferia. Não é por outra razão que Furtado irá deslocar suas reflexões, principalmente entre meados dos anos 1960 e nos anos 1970, para o processo de globalização em curso, seus agentes e as consequências para a periferia do sistema, donde a centralidade da noção de dependência.[1]

É a partir daquele momento, que pode ter como marco o choque do petróleo de 1973, que torna-se inequívoca a predominância do capital transnacionalizado, na forma das empresas transnacionais e do sistema financeiro internacional, que organizam seu processo de valorização em escala mundial, em boa medida libertando-se das instâncias políticas nacionais. Com isso, ressaltará Furtado, vêm a se desarticular cada um dos pressupostos do desenvolvimento ancorado no espaço econômico nacional, como anteriormente concebido por ele. Para compreender esse processo na totalidade de suas implicações, e dos desafios que impõe, é necessário abordar o entendimento que Furtado tece a respeito das origens e desdobramentos da transnacionalização do capital.

Um breve preâmbulo se faz necessário, para destacar que Furtado reafirma recorrentemente sua visão global e histórica do processo capitalista. No que diz respeito ao método, não

---

1 Seu ponto de partida é a economia dos Estados Unidos, "primeira economia a se planetarizar" (Furtado, 1991: 14). Furtado, referindo-se ao período imediatamente posterior ao golpe de 1964, afirma: "minha experiência recente no Brasil convencera-me de que o de que mais necessitávamos era uma melhor compreensão das transformações que estavam ocorrendo nos Estados Unidos, dado que esse país assumira na plenitude o papel de centro mundial de poder. A força gravitacional que exerce esse centro sobre os países latino-americanos crescera tanto, que se tornara impraticável captar o sentido do que nestes ocorria se não dispuséssemos de hipóteses com respeito ao comportamento do sistema de poder norte-americano. [...] As velhas ideias sobre imperialismo, fundadas nas rivalidades entre Estados nacionais manipulados por interesses econômicos, eram de pouca valia para entender a ação transnacional das grandes empresas que entrelaçam os circuitos econômicos e financeiros nacionais" (Furtado, 1991: 13-14).

houve ruptura no pensamento de Furtado, mas continuidade, ou antes uma depuração, um refinamento de seu método particular em sintonia com a aceleração do tempo histórico. Portanto, em sua análise do processo de transnacionalização do capital, o que dá a tônica é a concepção do sistema capitalista mundial como uma totalidade maior, que surge a partir da força expansiva do modo capitalista de produção e que, devido ao monopólio do progresso técnico detido pelas economias industriais pioneiras, estruturou-se em um sistema de relações assimétricas de dominação e dependência, em que se integram as mais diversas formações sociais. Esse é o pano de fundo ao qual se sobrepõe o processo de globalização da produção e das finanças. Como orienta Furtado, "necessitamos armar-nos de uma visão do processo econômico em escala mundial" (Furtado, 1976: 134) para dar conta dos novos vínculos de interdependência que se estão criando sob o movimento de transnacionalização do capital.[2]

A empresa transnacional, para Furtado, representa uma etapa superior na divisão social do trabalho, assim como no processo de internacionalização do capital.[3] Trata-se de

---

2   Em Furtado (1972), o autor reafirma categoricamente seu método: "a partir de uma globalização histórica, identificam-se os elementos estruturais que permitem, num corte temporal, 'reduzir' a realidade social a um sistema a que se podem aplicar os instrumentos da análise econômica. O corte temporal torna-se necessário, a fim de que certos elementos ganhem suficiente invariância para que possamos considerá-los *estruturais*. A globalização histórica, por sua vez, permite continuar a observar tais elementos como *variáveis*, que mudam de significação quando se passa de um a outro corte temporal" (Furtado, 1972: 3). Sobre o método de Furtado em suas obras posteriores ao golpe de 1964, ver Furtado (1976), Furtado (1978) e Furtado (1998).

3   Sobre o sentido das atividades transnacionais em Furtado, uma síntese pode ser encontrada em Furtado (1976: 56-58).

uma forma inovadora de organização da produção, um dos expedientes ao qual lança mão o capital monopolista quando começam a surgir entraves à continuidade do processo de acumulação nas economias centrais, conforme veremos. Integram-se, em um mesmo processo produtivo, sob as diretrizes de uma empresa dominante, recursos que se encontram dispersos ao redor do globo, e cujo produto final se destina a vários mercados nacionais. Então, define-se que:

> As chamadas empresas transnacionais constituem importante inovação na organização das relações entre formações socioeconômicas, particularmente no que respeita às técnicas de transferência internacional do excedente. Dizem-se transnacionais as atividades econômicas que estão organizadas, ao nível da produção, num espaço que compreende vários países, obedecendo a uma unidade de comando. Essas atividades são em geral diversificadas, mas se estruturam em torno de um ou mais núcleos em que o grupo ocupa uma posição forte no plano tecnológico (Furtado, 1976: 56-57).

De acordo com Furtado, o processo de transnacionalização deita raízes em um duplo movimento de afirmação dos Estados Unidos como potência capitalista hegemônica, sobretudo na sequência da Segunda Guerra Mundial.[4] De um lado, consolida-se sua preeminência econômica, baseada na grande empresa. De outro lado, a preeminência político-militar.

---

4 Sobre o peculiar processo de formação histórica dos Estados Unidos, que criou condições para sua projeção como potência capitalista hegemônica no pós-guerra, ver Furtado (1966), cap. 2. Para uma síntese da evolução da economia estadunidense no pós-guerra, ver Furtado (1992), cap. III.

DEPENDÊNCIA E SUBDESENVOLVIMENTO

É a partir desses dois movimentos que Furtado estrutura sua análise sobre a constituição de um espaço econômico transnacionalizado. Portanto, trata-se de um processo em grande medida condicionado pela evolução do capitalismo estadunidense e seus desdobramentos, que redundaram na expansão externa de seu grande capital. No fundo, no entender de Furtado, a globalização nada mais é que o resultado da projeção transnacional do capitalismo americano, possibilitada a partir das condições econômicas e políticas postas pelo desfecho da Segunda Guerra Mundial. Esclarece Furtado:

> A ideia central, desenvolvida ao fio de dois decênios, é simples: as modificações políticas causadas pelo segundo conflito mundial conduziram à integração dos mercados das economias capitalistas industrializadas, reduzindo a capacidade reguladora dos estados nacionais, e aumentando a autonomia de ação das grandes empresas. Daí a necessidade de começar pelo estudo da evolução destas no país em que se formou o padrão de desenvolvimento que veio a ser dominante (Furtado, 1987: 9-10).

A figura da grande empresa representa papel fundamental enquanto vetor da difusão planetária do padrão de desenvolvimento estadunidense. Contando com uma base de recursos naturais de grande amplitude e com um espaço econômico nacional de dimensões continentais, que precocemente se unificou enquanto sistema, significativamente protegido, as empresas estadunidenses puderam atingir grandes dimensões. Encontraram condições para o crescimento apoiado em economias de escala – e o respectivo padrão tecnológico – e logo

113

adquiriram capacidade de operar com unidades produtivas de larga escala e a planejar com base em um horizonte ampliado.[5]

Nessas circunstâncias, as grandes corporações estavam altamente capacitadas a concentrar o poder econômico e a acumular uma crescente massa de recursos financeiros. Essa possibilidade somente se concretiza no quadro do "capitalismo pós-cíclico", resultante, nas economias capitalistas avançadas, do longo processo de aprimoramento do Estado nacional como agente organizador e regulador da atividade econômica, que teve a maior expressão na revolução keynesiana e nos instrumentos de regulação macroeconômica com que se dotou o Estado. A predominância de uma política de pleno emprego e de gestão da demanda efetiva, de modo a suavizar o ciclo econômico, representou, no entender de Furtado, a forma mais avançada de democracia capitalista – o Estado de bem-estar. É o desenvolvimento clássico, como tipificado por Furtado, em sua forma mais refinada.[6]

Em tal cenário de relativa estabilidade, em que as flutuações manifestam-se muito mais a nível setorial do que no nível global de demanda, o capitalismo concorrencial, tal como se dava, por guerras de preços, deixa de existir. As circunstâncias mudam radicalmente com a concentração do poder

---

5   A concepção de Furtado a respeito da grande empresa no capitalismo contemporâneo aparece, basicamente, em Furtado (1968: 70-83) e na terceira parte do mesmo livro.

6   Cf. Furtado (2002: 47-50). Com efeito: "A verdade é que a evolução da economia capitalista pareceu apontar, na segunda metade do século XX, para um estágio superior de desenvolvimento no qual se conciliaram um elevado nível de utilização da capacidade produtiva e a redução das desigualdades sociais, com o aprimoramento do fator humano" (Furtado, 2002: 49). Sobre o capitalismo pós-cíclico, ver Furtado (1968: 92 e 127).

DEPENDÊNCIA E SUBDESENVOLVIMENTO

econômico, que determina o predomínio de algumas poucas empresas gigantes nos mais importantes ramos da economia. Trata-se da organização oligopolista dos mercados.[7] Nesse sentido, a grande empresa, dotada ainda de considerável capacidade de planejamento, fica em posição muito favorável, que lhe propicia determinar seus próprios ganhos, por meio da prática de preços administrados, fixando sua margem de lucro.

Desse modo, ela pode impor ao consumidor um tributo, abrindo novos horizontes para a concentração do poder econômico. É por isso que, a princípio, não haveria limites à expansão da grande empresa, que pode contar sempre com o autofinanciamento. A corporação gigante, de acordo com Furtado, dá origem a uma crescente massa de recursos financeiros aos quais precisa dar aplicação lucrativa. Mas não é somente por esse lado que o grande negócio manipula o consumidor. Fundamental, nessa nova etapa do capitalismo, como lembra Furtado, é o consumo dirigido, isto é, o condicionamento dos padrões de consumo por meio da ofensiva publicitária das empresas. A concorrência passa a se dar no plano da inovação (diferenciação) de produtos, impondo-lhes um ritmo acelerado de obsolescência.

Ora, em um contexto de crescimento econômico sustentado e de nova dinâmica concorrencial, em que as flutuações se manifestam setorialmente, o capital que se disperse entre um leque de variadas atividades produtivas fica protegido de maiores riscos, compensando perdas conjunturais em certos setores com maiores lucros em outros. Daí que, nessa etapa do capitalismo organizado, a concentração do poder

---

7   Cf. Furtado (1987: 65).

econômico assuma uma nova forma, perdendo importância as formas tradicionais de integração horizontal e vertical. Essa nova forma é a diversificação, que nada mais é do que a busca de aplicações rentáveis – e de diluição do risco – para uma massa de recursos financeiros em constante expansão, gerados pela grande empresa que administra preços e condiciona seus consumidores. Esse processo resulta da concentração e centralização do capital em escala jamais vista, que teve como palco os Estados Unidos.

A diversificação não diz respeito apenas ao investimento em setores os mais variados, sem relações técnicas entre os mesmos, por parte da corporação gigante. É muito mais um princípio – o de pôr-se ao abrigo dos riscos, das flutuações setoriais, e de valorizar um capital que rapidamente se acumula – e que se aplica igualmente por meio da dispersão geográfica dos investimentos. Esse é o ponto de partida da internacionalização do capital monopolista americano. Portanto, para Furtado, uma das dimensões da gênese do processo de globalização do capital encontra-se na própria forma em que se deu o desenvolvimento do capitalismo estadunidense, que resultou em brutal concentração do poder econômico nas mãos de umas poucas empresas gigantes, cujos descomunais recursos financeiros já não podiam se circunscrever a mercados específicos, ou mesmo ao âmbito do mercado nacional, em sua necessidade de valorização. Em síntese: "o conglomerado é essencialmente um mecanismo destinado a encontrar aplicação para um fluxo de recursos que ele mesmo cria de forma permanente" (Furtado, 1968: 129).

No entanto, conforme Furtado, esse processo só atingiu todo seu potencial porque o grande capital americano pôde contar com uma base de atuação internacional apropriada, a partir da integração das economias capitalistas centrais. Foi a unificação do espaço econômico do centro capitalista que serviu de base de operação às grandes empresas, que a partir daí se configuram como empresas transnacionais, e daí expandindo-se para todo o globo. Isso nos remete ao segundo movimento dos Estados Unidos no pós-guerra.[8]

Após o último conflito mundial, os Estados Unidos emergem como a potência capitalista de fato vitoriosa, frente às nações derrotadas e devastadas da Europa. Como aponta Furtado, aquele país viu-se em condições excepcionalmente favoráveis para comandar a reconstrução do sistema capitalista e a reorganização da economia mundial, em conformidade com seus interesses e, mais precisamente, com aquele seu padrão de desenvolvimento. Mas, se de um lado as maiores economias capitalistas encontravam-se prostradas (à exceção dos Estados Unidos), de outro lado havia o medo da expansão do comunismo internacional, então corporificado pela União Soviética. Pela defesa da integridade do sistema capitalista, as potências capitalistas aceitaram o papel tutelar dos Estados Unidos, assim reconhecendo-se a superioridade militar e econômica desses últimos. Adicionalmente, conforme Furtado, o militarismo americano, que passa a predominar no âmbito da "Guerra Fria", irá condicionar o desenvolvimento tecnológico[9] e o desequilíbrio das contas

---

8   O processo de integração das economias centrais – e as consequentes metamorfoses na economia mundial – é abordado em Furtado (1968), segunda parte; Furtado (1976), cap. II; Furtado (1980), cap. XII; Furtado (1982), cap. VI; e Furtado (1987), que reúne os principais textos do autor sobre o assunto.

9   Para Furtado, a corrida armamentista colaborou para promover não ape-

externas dos Estados Unidos, vindo a desempenhar papel muito relevante no processo de transnacionalização.

Se essa tutela manifestou-se como apoio militar à Europa ocidental e aporte de recursos para a reconstrução de suas economias nacionais, também é verdade que permitiu aos Estados Unidos reconstituir a ordem econômica mundial à sua maneira e, assim, abrir o campo de operação para seu grande capital. É esse o sentido das regras de Bretton Woods, em que se reconheceu o dólar como meio de pagamento internacional e moeda-reserva, e da liberalização comercial, que permitiu a integração das economias centrais, sob uma inusitada expansão – e renascimento – do comércio internacional.[10] Ou seja, assegurada sua liderança no sistema capitalista, os Estados Unidos puderam levar adiante o desmantelamento das barreiras protecionistas e dos sistemas de dominação

---

nas o desenvolvimento de um novo padrão tecnológico, mas também para retirar às grandes empresas boa parte dos custos da inovação técnica, mediante o financiamento da pesquisa pelo Estado americano. Aliviadas desses encargos, tais empresas viram-se com sua capacidade expansiva ampliada. Cf. Furtado (1981: 102-103). Ademais, ainda no contexto de preservação da integridade do sistema capitalista sob a tutela dos Estados Unidos, cabe lembrar que o Estado americano não poupou esforços para estimular a expansão externa de seu capital monopolista, especialmente em direção à América Latina, como lembra Furtado (1966). Cf. Furtado (1966), cap. 2. Sobre o padrão tecnológico suscitado a partir do último conflito mundial, ver Magdoff (1969: 47-48).

10 Furtado assim resume a situação: "Estabelecido o princípio básico de unificação crescente do espaço econômico dentro do sistema capitalista, foi possível aos americanos apoiar ampla e generosamente a reconstrução das antigas economias rivais. Também apoiaram com entusiasmo os distintos projetos de uniões aduaneiras, zonas de livre comércio e mercados comuns, conscientes de que se tratava de etapas na destruição dos resquícios dos antigos 'projetos nacionais'" (Furtado, 1976: 74).

colonial, que compartimentavam a economia mundial e que precisavam ser removidos, de maneira a permitir a atuação internacional das grandes empresas americanas.[11] Esse foi o ponto de partida da integração das economias centrais, palco em que as grandes empresas ensaiaram seu movimento de internacionalização em escala global e para onde primeiro se difundiu o padrão tecnológico do capitalismo estadunidense.[12] Em suma:

> [O] desmantelamento das barreiras protecionistas ocorrido nos últimos decênios decorreu, essencialmente, de negociações entre economias centrais e estimulou a complementaridade entre essas economias. Favoreceu-se, assim, o intercâmbio de produtos manufaturados entre países dotados de sistemas industriais altamente diversificados, relegando-se a segundo plano o intercâmbio com países de indústria incipiente. Teve-se em vista abrir espaço para as indústrias na vanguarda tecnológica e para as economias de escala (Furtado, 1980: 143).

Nesse contexto geral, estavam se abrindo as portas para o processo de globalização do capital, em suas duas ramificações. Em primeiro lugar, a empresa transnacional emerge como principal agente daquele processo de integração, recriando as relações econômicas internacionais conforme suas

---

11 Cf. Furtado (1988: 8). Sobre a descolonização, Furtado (1974) faz notar que o colonialismo – a dominação direta da periferia pelos Estados do capitalismo avançado – tornou-se dispensável a partir do momento em que a economia internacional passou para o controle das empresas transnacionais. Cf. Furtado (1974: 62).

12 Cf. Furtado (1980: 152).

necessidades. Eis o ponto de partida do processo de internacionalização do sistema produtivo estadunidense – e também dos desajustes estruturais em que redunda a transnacionalização de seu grande capital. Em segundo lugar, a supremacia do dólar, enquanto expressão e instrumento do poder americano, cria condições para a internacionalização dos bancos estadunidenses, de modo a configurar um sistema financeiro internacional sob seu comando.

O descompasso entre sistema econômico mundial em formação e sua superestrutura política

Logo, para Furtado, não cabiam dúvidas de que se estava formando um sistema econômico de abrangência mundial, a partir da ação combinada das empresas transnacionais e dos bancos internacionalizados e irradiando-se do centro dinâmico que era o espaço econômico integrado das sociedades capitalistas avançadas. No entanto, como Furtado enfatiza recorrentemente, os avanços nesse sistema econômico global, ainda embrionário, não se faziam acompanhar por evolução equivalente na conformação de uma superestrutura política no mesmo âmbito, capaz de regular o processo. Essa discrepância entre economia e política – no âmbito mundial – é elemento crucial na análise de Furtado sobre a transnacionalização do capital, pois dá conta da inviabilidade de refrear suas tendências intrínsecas à instabilidade, à concentração (local e global) da renda e do poder econômico, e à ampliação do fosso entre sociedades avançadas (desenvolvidas) e sociedades dependentes (subdesenvolvidas).

Aqui cabe recuperar – e aprofundar – algumas das ideias de Furtado, delineadas no capítulo anterior, com relação ao sentido de um sistema econômico.[13] De acordo com Furtado, todo sistema econômico deriva sua lógica de funcionamento de uma ordenação política, de formas de regulação pautadas por critérios políticos, que *ex post* se apresentam como racionalidade macroeconômica. Dito de outro modo, o que aparenta ser racionalidade macroeconômica, supostamente derivada do comportamento microeconômico de um conjunto de agentes, é na verdade uma ordenação política que se superpõe à lógica abstrata dos mercados. O sistema econômico funciona como tal porque tem subjacente a ele uma determinada estrutura de poder, portadora de um determinado projeto, que logra definir – e impor – os marcos e os parâmetros de atuação do capital. Então, o sistema produtivo aparece como um todo coerente, não como mera justaposição de partes desconexas.[14]

---

13 Cf. Furtado (1978: 15-17); Furtado (1983a: 7); Furtado (1987: 220); Furtado (1988: 6, 10).

14 Conforme destaca Brandão (2008), nesse ponto transparece a influência de François Perroux sobre Furtado. "Quando um agente [...] está capacitado para prever e identificar *ex ante* as incompatibilidades entre planos concorrentes, e emprega formas de coação, pública ou privada, para tornar compatíveis ou concordantes os referidos planos, configura-se o caso de uma macrodecisão" (Furtado, 1967: 91). De fato, o Estado não é o único ator dominante capaz de determinar as condições sob as quais os demais agentes econômicos tomarão suas decisões, fazendo com que convirjam para certo resultado coerente e condizente com um plano pré--definido. Porém, em Furtado, é o único que pode fazê-lo com base na racionalidade substantiva que vem da coletividade, superando a lógica privada do lucro das empresas. A esse respeito, ver Furtado (1967), cap. 8, e Furtado (1980: 33). Cf. Brandão (2008).

A superestrutura política que subordina a lógica do capital, que expressa os princípios de ordenação do conjunto da economia, é produto de uma estrutura de poder que, por sua vez, resulta de uma determinada composição de forças que emerge dos antagonismos sociais, da luta de classes entre capital e trabalho. O quadro institucional representaria uma síntese dos interesses vinculados a alguma coletividade, os elementos de um projeto político que visa converter a força da acumulação capitalista também em uma força de socialização dos benefícios, propulsora da riqueza e bem-estar da sociedade em questão. Portanto, o sistema produtivo que se desvincule dessa racionalidade substantiva, que careça do elemento político, que expresse somente a racionalidade instrumental, perde a capacidade de autogerar seu dinamismo. Não se constitui como sistema econômico, não promove o desenvolvimento a partir de forças endógenas.

Acontece que, para Furtado, o conceito de sistema econômico também pode se aplicar a nível planetário. E, ainda que em germe, o processo de transnacionalização aponta para a formação de um tal sistema. O grande problema é que, segundo Furtado, tal processo avança sem que haja se constituído uma equiparável institucionalidade supranacional capaz de conferir a ele o mesmo tipo de ordenação que os centros internos de decisão emprestavam ao processo acumulativo nos marcos nacionais. A ausência dessa superestrutura se deve, em primeiro lugar, a que a reconstrução da economia internacional tenha se processado sob a liderança (e os interesses) de uma potência capitalista em particular – os Estados Unidos. E, em segundo lugar, à concentração do poder econômico por parte das corporações transnacionais, que irá colocá-las acima dos marcos nacionais de regulação, em um espaço supranacional em que passará a imperar a lógica dos mercados. Colocando nos termos de Furtado:

> Sistema econômico significa a existência de dispositivos de coordenação e certa unidade de propósitos e comando, vale dizer, a interveniência de centros de decisão abrangendo não apenas o econômico mas também o social e o político. Ora, a evolução do quadro institucional, nesse sentido unificador, está longe de ser satisfatória. Observou-se um declínio na capacidade de controle das economias nacionais, crescentes dificuldades de coordenação interna que conduziriam a processos inflacionários e recessivos intermitentes, sem que emergisse um efetivo sistema de controle no plano internacional (Furtado, 1983a: 7).

As instituições internacionais e organismos multilaterais existentes não têm capacidade de cumprir com essa tarefa, uma vez que estão comprometidos com os interesses da economia americana e dos demais centros de poder financeiro.[15] Na ausência de uma superestrutura política internacional, o processo de transnacionalização, ditado pela restituída prevalência da lógica dos mercados, avança na mesma proporção em que produz instabilidade sistêmica, desigualdade social, desestruturação dos sistemas econômicos nacionais, enfim, em última instância, o definhamento do Estado nacional. Furtado deixa claro que, enquanto não se constitua um quadro institucional global, tais tendências, próprias da lógica do capital, agora transnacionalizado, acabam por se impor.

---

15 Cf. Furtado (1999b: 25-26).

A lógica da transnacionalização do capital

A restauração da supremacia dos mercados

No entender de Furtado, o processo de transnacionalização é impelido pelas necessidades do padrão de desenvolvimento capitalista que havia amadurecido nos Estados Unidos.[16] Trata-se de um imperativo tecnológico, que resulta de um determinado padrão de acumulação que tem como fundamentos a grande concentração do poder econômico, as economias de escala, o elevado coeficiente de capital e o acentuado progresso técnico ao nível dos bens de consumo, donde a necessidade de homogeneizar e generalizar seus estilos de vida para outras áreas do planeta.[17] Isto é: "A lógica da difusão da civilização industrial privilegia a ampliação de certos mercados mediante a mundialização dos padrões de consumo gerados no centro" (Furtado, 1984: 117). Enfim, ainda

---

16 Segundo Furtado, o padrão tecnológico que veio a se impor universalmente "traduz as condições específicas do desenvolvimento da economia norte-americana, marcado pelo fácil acesso a abundantes recursos naturais, pela concepção privatista da propriedade das fontes dos recursos não renováveis, pela organização de grandes empresas capacitadas para atuar num espaço continental, pela escassez relativa de mão de obra, elevados salários e padrões de consumo altamente diversificados" (Furtado, 1980: 143). Cf. Furtado (1981: 100).

17 O que se trata de um mito. Para Furtado, o mito do desenvolvimento econômico – a possibilidade de generalizar para todas as sociedades o padrão de vida das economias avançadas, sobretudo dos Estados Unidos – não é apenas objetivamente impossível, tendo em conta a catástrofe ambiental em que redundaria. Mais importante, apregoar aquele mito é negar a especificidade do subdesenvolvimento, que restringe o acesso aos padrões de modernidade a minorias da população da periferia do capitalismo. Sobre esse assunto, ver Furtado (1974), cap. I, especialmente p. 75-76. Cf. Furtado (1976: 123).

DEPENDÊNCIA E SUBDESENVOLVIMENTO

tomando as palavras de Furtado: "Foi graças à transnacionalização da produção liderada pelas empresas norte-americanas que se impôs um certo estilo de desenvolvimento baseado na uniformização dos padrões de consumo, no uso depredatório de recursos não renováveis e na rápida obsolescência dos bens finais" (Furtado, 1982: 107-108).

Ora, já apontamos que a internacionalização do capital responde ao princípio da diversificação que norteia a expansão das grandes corporações. Atuar em múltiplos espaços econômicos propicia os mesmos elementos de dispersão do risco e de novas oportunidades de valorização do capital que a atuação simultânea em distintos mercados dentro de um mesmo espaço econômico nacional. Quanto mais ampla for a dispersão geográfica do capital, tanto maior será sua relativa imunidade a conjunturas desfavoráveis em determinados mercados nacionais, a serem compensadas por condições econômicas favoráveis alhures. No limite, a empresa multinacional, a partir da matriz, pode proceder a uma transferência de recursos para as regiões de maior dinamismo, aí realizando novos investimentos em detrimento dos mercados com poucas perspectivas de rentabilidade.

É preciso ter em conta que o que se projeta internacionalmente, a partir da evolução do capitalismo americano, é seu padrão tecnológico – simultaneamente aos elementos culturais e ao sistema de valores que lhe são específicos. A produção em grandes unidades, fundada em economias de escala e elevado coeficiente de capital, e o consumo dirigido, baseado em um ininterrupto fluxo de novos produtos e na padronização dos comportamentos, criam a necessidade de ampliar os limites dos mercados e, dentro destes, de se promover a homogeneização dos padrões de consumo. As economias centrais, caracterizadas pela relativa homogeneidade social e marcadas pelo longo período de crescimento econômico no pós-guerra, constituíram o grande mercado que permitia às empresas transnacionais difundir seus produtos e suas técnicas. As economias de escala puderam cumprir-se em sua plenitude. A produção por meio de filiais e subsidiárias em outros países trazia a vantagem de se operar com tecnologia amortizada, já amplamente testada no mercado nacional de origem da empresa. Com isso, reduziam-se os custos relativos do progresso técnico, de pesquisa e desenvolvimento.

Entretanto, o processo de transnacionalização propriamente dito não se resume à busca dos mercados externos, tratando-se antes da formação de um circuito global de valorização do capital.[18] Dito de outra forma, o interesse pelos distintos mercados internos é apenas a forma primária do processo de globalização, sendo a transnacionalização propriamente dita sua forma superior. De acordo com Furtado:

> A expansão da empresa além-fronteiras alcança sua forma mais complexa quando a atividade industrial é descentralizada geograficamente, especializando-se as unidades localizadas em países diversos em um ou vários dos *processos* que integram uma mesma

---

18 De fato: "A empresa transnacional recruta recursos produtivos em escala global e está em condições de combinar mão de obra de baixo preço com trabalho altamente especializado, e pode minimizar os custos financeiros e maximizar a remuneração do capital. Trata-se de uma organização horizontal que opera mediante associações variadas de alcance planetário. E essas organizações são entidades de direito privado, sem responsabilidade pública que não sejam aquelas aceitas voluntariamente" (Furtado, 1999b: 22).

atividade produtiva. Os processos *labor-intensive* são localizados ali onde existe acesso fácil a uma mão de obra semiqualificada de baixo nível de salários, os processos de montagem e acabamento perto dos mercados de consumo, os processos poluentes onde a legislação é menos restritiva etc. É a esse tipo de estrutura empresarial que cabe com rigor o qualificativo de *transnacional* (Furtado, 1978: 27).

Furtado, novamente tomando a economia estadunidense como ponto de partida, aponta, como um dos determinantes da expansão internacional das grandes corporações daquele país, o custo relativamente elevado da força de trabalho. Ora, nos termos de Furtado, uma das características fundamentais das sociedades desenvolvidas é a socialização dos ganhos de produtividade, propiciada pelo relativo equilíbrio de forças entre capital e trabalho. Quanto maior a organização política da classe operária e quanto mais rápido for o ritmo de acumulação, de maneira a implicar em elevado nível de absorção de mão de obra, mais intensa tende a ser a transferência de ganhos de produtividade para os salários reais. Acontece que é justamente esse o quadro que se apresenta tipicamente nas economias desenvolvidas, de maneira que a margem de manobra do capital tende a ser delimitada em função do bem-estar da coletividade – por meio dos sindicatos e do Estado nacional. Nesse sentido, o processo de transnacionalização representou uma fuga dos elevados custos de mão de obra que a acumulação representava em tais circunstâncias – e, portanto, das pressões sociais postas pela classe trabalhadora organizada (e representada) politicamente. A contrapartida dessa fuga é a busca pelas reservas de mão de obra barata que se encontram disponíveis na periferia do sistema capitalista.[19]

Porém, a transnacionalização do capital não é um movimento impelido tão somente pela necessidade de incorporar o fator trabalho de baixo custo da periferia. Trata-se de um processo mais amplo, de combinar recursos dispersos em escala mundial, integrando-os em um processo produtivo único. Enfim, se em um primeiro momento a internacionalização da grande empresa americana pautou-se pela captura de outros mercados nacionais, de maneira a difundir sua tecnologia e seus padrões de consumo, assim obtendo ganhos de escala, em uma fase posterior a prioridade passa a ser a necessidade de integrar recursos dispersos mundialmente em um único processo produtivo, para escapar aos entraves à acumulação derivados daquela primeira etapa. Se o avanço da acumulação nas economias centrais vinha implicando em crescentes salários e encargos sociais, também significava uma forte pressão na fronteira ecológica. Nesse sentido, a intensificação da acumulação e o padrão de desenvolvimento privatista e predatório, produzindo a degradação do meio físico e maiores custos de matérias-primas, criou a necessidade da disputa pelas fontes de recursos naturais da periferia pelas empresas transnacionais. Em síntese:

> Muitos foram os caminhos que utilizaram as empresas para abrir um espaço plurinacional. Mas o objetivo

---

19 Sobre a exploração da força de trabalho nas sociedades periféricas pelas empresas transnacionais, ver Furtado (1974: 50-51, 66, esp.). Ver ainda o subitem "O capitalismo dependente e a transnacionalização do capital", do presente capítulo.

último foi sempre o mesmo: gerar novos recursos de poder com vistas a aumentar ou manter o ritmo da própria expansão em face da concorrência de outras empresas e das pressões sociais emergentes neste ou naquele país (Furtado, 1978: 25).

Furtado faz notar que o processo de transnacionalização do capital não teria avançado tanto se não pudesse contar com seu braço financeiro, isto é, a constituição de um sistema financeiro internacional capaz de prover liquidez (criar moeda) aos grandes grupos transnacionalizados à revelia das autoridades monetárias nacionais. Furtado esclarece que:

> A partir de certo momento as vantagens da diversificação passam a ser de caráter estritamente financeiro: o excesso de liquidez de um setor pode ser utilizado noutro ocasionalmente mais dinâmico. Ora, esse tipo de coordenação pode ser conseguido através de instituições bancárias, que mais facilmente obtêm informações em todos os setores da atividade econômica e têm pronto acesso aos mercados financeiros. Essa dupla coordenação, obtida através das estruturas oligopolistas e das instituições financeiras, constitui característica fundamental do capitalismo em sua fase atual. A ela se deve, em boa medida, a intensificação do crescimento das economias capitalistas e também a considerável aceleração no processo de concentração do capital (Furtado, 1976: 76).

No princípio de tudo, encontrava-se a capacidade dos Estados Unidos, com o dólar transfigurado em moeda-chave nas transações internacionais, de financiar a expansão externa de seus conglomerados, de maneira a aumentar rapidamente a liquidez internacional. Além desse componente, também havia os vultosos gastos militares do governo estadunidense no exterior, em seu esforço de manutenção de sua esfera de influência e de combate ao comunismo. Tanto um como outro desses dispêndios acabaram por produzir o persistente desequilíbrio de contas externas daquele país. Em seguida, os recursos próprios que as empresas transnacionais – originárias dos Estados Unidos – vinham acumulando no estrangeiro, e que aí procuravam reter,[20] incrementaram a expansão da liquidez internacional.[21] Ao reterem uma enorme e crescente soma de recursos financeiros, em dólar, nos circuitos internacionais, as empresas transnacionais estavam criando oportunidades para que também os bancos americanos se lançassem às operações de âmbito mundial. Por outro lado, havia uma demanda potencial por crédito em nível internacional.

A partir desses dados, os bancos também se internacionalizaram, primeiro amparados na liquidez criada pela própria operação das corporações multinacionais e pelo déficit em conta corrente dos Estados Unidos, e em seguida tornando-se eles mesmos agentes do processo de criação de liquidez em âmbito internacional. Na ausência de qualquer autoridade monetária supranacional, ressalta Furtado, esse sistema bancário internacional passou a criar moeda (liquidez) e a

---

20 Especialmente em função das tentativas das autoridades monetárias de impor restrições ao financiamento da expansão externa dos grandes conglomerados, como ocorreu naquele país em 1963 com a implementação da *Interest Equalization Tax*. Cf. Furtado (1987: 200, 232).

21 Outro fator foram os saldos acumulados pelos países exportadores de petróleo. A esse respeito, de modo geral, ver Furtado (1987).

DEPENDÊNCIA E SUBDESENVOLVIMENTO

realizar as mais variadas operações financeiras sem qualquer controle ou critério que não fossem os da valorização do capital financeiro.[22] "Dessa forma", relata Furtado, "emergiu uma estrutura financeira de grandes dimensões, liberada da tutela dos Bancos Centrais e aliviada dos custos das reservas obrigatórias, com capacidade para criação autônoma de liquidez" (Furtado, 1982: 115). O primeiro e mais notório resultado dessa expansão desregulada da liquidez internacional foi a ruptura do padrão dólar-ouro, seguida da proliferação dos regimes de câmbio flutuante, o que abriu novas fronteiras para a atividade especulativa, intensificando sobremaneira as operações do sistema financeiro global e o montante do capital que movimenta.[23] É como indica Furtado:

> A existência de uma massa considerável de liquidez fora de qualquer controle inviabilizou o sistema de taxas de câmbio fixas e reajustáveis a critério dos

---

22 Ainda que não seja precisamente essa a acepção com que Furtado trabalha, aqui nos parece conveniente remeter à definição de Lênin acerca do capital financeiro, que segue e complementa Hilferding. Lênin (1917) recorda que, para Hilferding, capital financeiro é o capital-dinheiro que se encontra na posse dos bancos e do qual os industriais (e os próprios bancos) dependem para converter em capital industrial, em aplicação na atividade produtiva. O conceito de capital financeiro se completa considerando-se sua relação indissociável com os processos de concentração e monopolização. "Concentração da produção; monopólios que resultam da mesma; fusão ou junção dos bancos com a indústria: tal é a história do aparecimento do capital financeiro e daquilo que este conceito encerra" (Lênin, 1917: 610). Para a apreciação de Furtado acerca das teorias marxistas do imperialismo e do capital financeiro, ver Furtado (1967), apêndice ao cap. 18.

23 Cf. Furtado (1998: 7). Sobre a constituição da rede financeira internacional e sua relação com a liderança militar dos Estados Unidos e a expansão externa do seu grande capital, no pós-guerra, ver Magdoff (1969), cap. 3.

governos nacionais, mas também tornou extremamente onerosa a operação de um sistema de taxas flutuantes. A instabilidade deste último transformou as operações de câmbio em um dos principais negócios dos bancos, negócio tanto mais lucrativo quanto maiores as oportunidades que se apresentem para especular contra as principais moedas de circulação internacional. Satisfeita a condição necessária para que exista a especulação cambial – o sistema de taxas flutuantes – os intermediários financeiros se encarregam de descobrir causas para que ela se concretize. Os especialistas em decifrar "sinais anunciadores" de próximo debilitamento de uma moeda passam a ser consultados como oráculos (Furtado, 1984: 94).

Enfim, nas palavras de Furtado:

> A economia transnacional que, pela metade do decênio dos 70, já compreendia uma dezena de milhar de empresas e todos os grandes conglomerados que no mundo capitalista operam nas indústrias e serviços complementares, dotara-se de um sistema monetário e financeiro, capacitado para criar liquidez e imobilizar recursos a longo prazo, à altura de suas necessidades (Furtado, 1982: 117).

Decomposição do modelo clássico de desenvolvimento nacional

Esse duplo movimento de globalização das grandes empresas e dos grupos bancários, pelos atributos ora apontados, cria um cenário de profunda instabilidade. Isso nada mais é do que resultado da preeminência da lógica dos mercados, a partir da conformação de um espaço econômico transnacionalizado, com existência autônoma, mediante a operação dos oligopólios internacionais e dos trustes bancários, sistemas decisórios que fazem referência àquele espaço. Se a grande empresa está implantada em diferentes sistemas econômicos, indica Furtado, "ela tem à sua disposição recursos de poder que podem liberá-la, ainda que parcialmente, da ação constritiva exercida pelos centros coordenadores nacionais. Esse maior grau de autonomia das empresas no plano internacional dá origem a um conjunto de atividades com especificidade própria" (Furtado, 1978: 19). Dito de outra maneira, temos que as grandes corporações puseram-se acima das forças sociais, radicadas nos diferentes espaços econômicos nacionais, que antes regiam seu movimento com base na racionalidade substantiva.

Quando as empresas gigantes, que concentram descomunal poder econômico (monopólio do progresso técnico, controle das transações internacionais e concentração dos recursos financeiros – ou acesso facilitado aos mesmos),[24] e as instituições financeiras internacionais (capacidade autônoma de criação de liquidez internacional) podem amparar-se mutuamente, operando além do alcance dos centros nacionais de decisão, diluindo as fronteiras entre espaços econômicos, centralizando um capital gigantesco que põem em movimento, o resultado primeiro é a perda de governabilidade pelos Estados nacionais. De acordo com Furtado, trata-se da desarticulação dos centros internos de decisão, impotentes ante o processo global de reorganização das órbitas produtiva e

---

24 Cf. Furtado (1974: 35).

financeira, ante a lógica da acumulação capitalista em escala planetária, às estratégias das empresas transnacionais que passam a se referir a um novo plano, o âmbito do sistema econômico mundial (transnacional) em formação.

Para Furtado, "os conglomerados definem a sua estratégia, um com respeito aos demais e cada um com respeito aos competidores locais, a partir de uma perspectiva de conjunto e em função de um projeto de crescimento próprio" (Furtado, 1968: 131). Daí que seja difícil compatibilizar a preeminência das empresas transnacionais com a noção de sistema econômico nacional, "a qual supõe uma unificação das decisões em função de interesses específicos de uma coletividade nacional" (Furtado, 1968: 131).

Se a corporação multinacional, operando em inúmeros países, é capaz de mobilizar um enorme montante de recursos, sejam próprios ou obtidos junto ao sistema financeiro internacional, sua margem de manobra vê-se ampliada frente ao Estado. Em outras palavras, a capacidade dos centros internos de decisão de influenciar, de condicionar o comportamento da grande empresa, encontra-se extremamente erodida. Os mecanismos tradicionais de política econômica, seja fiscal ou monetária, não são mais eficazes no sentido de influenciar o comportamento da economia, se esta se compõe pelos múltiplos braços dos oligopólios transnacionalizados, à medida que a grande empresa possa se apoiar naquela massa de recursos e em uma estratégia, previamente definida, de alcance mundial. O mesmo, e com maior evidência, pode ser afirmado com relação ao sistema financeiro internacional. As instituições que criam e movimentam o dinheiro internacional estão, em boa medida, ao abrigo de quaisquer tentativas de regulação e controle por parte das autoridades monetárias nacionais. Pelo contrário, os Bancos Centrais acabam por assumir postura passiva frente à especulação patrocinada por aquelas instituições. É o que destaca Furtado:

> Nesse mundo de bancos privados transnacionalizados as transferências de capital entre países escapam a todo controle. Dispor de liquidez internacional constitui considerável fonte de poder, pois a simples transferência desses recursos entre agências de um mesmo banco, localizadas em países distintos, pode ameaçar a estabilidade de determinada moeda. Ademais, os bancos transnacionalizados, ao se financiarem mutuamente, capacitam-se para criar nova liquidez. Dessa forma, emergiu um novo sistema de decisões no plano internacional que tem como contrapartida menor liberdade de ação dos governos nacionais (Furtado, 1988: 9).

O que Furtado pretende destacar é a brutal redução do raio de manobra dos centros nacionais de decisão, sua incapacidade de ordenar a esfera econômica da sociedade nacional conforme interesses coletivos, face à inflação da autonomia das grandes corporações, produtivas e financeiras, e suas estratégias globais. A perda de eficácia dos instrumentos clássicos de gestão macroeconômica se traduz no progressivo retraimento dos centros internos de decisão enquanto agentes ordenadores da vida econômica nacional.

É como nos informa Furtado:

> Os recursos que transitam pelo mercado financeiro internacional, e que escapam ao poder de quaisquer

> autoridades monetárias, somam centenas de bilhões de dólares. Existe, portanto, uma esfera de decisões que não se confunde com os quadros institucionais controlados pelos Estados nacionais. Tudo se passa como se houvesse surgido uma nova dimensão no conjunto das decisões econômicas que escapa às formas codificadas de ação dos governos nos planos nacional e internacional. Em síntese: dentro do quadro institucional atual os governos não têm a possibilidade de *coordenar* a ação que todo um conjunto de poderosos agentes exerce no sistema capitalista. Se alguma coordenação existe, ela se realiza no quadro dos oligopólios e dos consórcios financeiros [...] (Furtado, 1976: 78-79).

A segunda consequência, portanto, é a instabilidade estrutural que se explicita. Agora, a instabilidade surge prioritariamente no âmbito internacional e se manifesta primeiramente em seu caráter monetário. A especulação contra as moedas nacionais e as elevações de preços de matérias-primas nos mercados internacionais são apenas os mais evidentes resultados da combinação de transnacionalização do capital e hipertrofia da dimensão especulativa. Como é notório no caso da economia estadunidense, a reorganização das atividades produtivas em escala global ainda implicou em problemas reais de balanço de pagamentos, em uma situação na qual as economias centrais não têm sido capazes de conciliar equilíbrio externo com equilíbrio interno. No limite, apresenta-se a desarticulação dos próprios sistemas econômicos nacionais. Enfim:

> À diferença do que ocorreu na evolução passada do capitalismo, as forças atualmente em ação não encontram

DEPENDÊNCIA E SUBDESENVOLVIMENTO

expressão maior em projetos especificamente nacionais. Pelo contrário, é exatamente o debilitamento do Estado-nação como instrumento coordenador da atividade econômica [...] que em grande medida responde pelo desgoverno atual. Ora, as empresas transnacionais, se bem hajam absorvido parcela significativa do poder de decisão, não deram origem no espaço em que atuam a mecanismos de coordenação capazes de integrar valores que não derivam da própria racionalidade de uma empresa que maximiza lucros ou sua própria expansão. Desta forma, se contribuíram para esvaziar os centros nacionais de coordenação, nada colocaram em seu lugar que não derive da lógica dos oligopólios e cartéis (Furtado, 1983a: 11-12).

A acumulação de capital não mais se circunscreve ao espaço econômico nacional, onde pressupunha e se apoiava no desenvolvimento do mercado interno, e portanto em um quadro muito peculiar de conciliação dos interesses antagônicos de classes (que se condensavam no "interesse nacional"). Esse quadro se traduzia nos centros internos de decisão – notadamente, o Estado nacional – articulados para ordenar e submeter a esfera econômica, a acumulação capitalista, à nação. Como contrapartida, dera-se o refinamento dos instrumentos de gestão macroeconômica e planejamento, assim como a organização do espaço econômico nacional, do conjunto de suas atividades, enquanto um sistema industrial orgânico. Enfim, tais eram pressupostos do desenvolvimento capitalista nacional – de um sistema econômico nacional. A partir do momento em que o capital se lança a um outro plano em seu processo de valorização, tudo isso perde sentido.

Outro impacto da transnacionalização do capital sobre as economias nacionais é a ruptura da conciliação dos interesses antagônicos do capital e do trabalho. De forma mais precisa, trata-se do debilitamento da classe trabalhadora, com a deterioração de seu poder de barganha e de sua capacidade organizativa. Ao poder dispor de reservas de mão de obra, de trabalho com menor custo de reprodução, que se encontram em outros países e regiões, a empresa transnacional pode escapar à ação sindical e à legislação social vigente em seu país de origem. Modifica-se o padrão de luta de classes, que antes, para Furtado, sustentava o desenvolvimento autodeterminado das nações, agora pendendo de modo extremamente favorável ao capital. Se outrora a interação entre concorrência intercapitalista e luta de classes respondia pela ampliação e aprofundamento do mercado interno, criando a acumulação capitalista suas próprias condições de realização, agora trata-se da concorrência entre os conglomerados transnacionais, em um espaço plurinacional, sem mediações. Rompe-se o relativo equilíbrio na correlação de forças entre capitalistas e trabalhadores.

Além disso, há de se levar em conta o aspecto técnico do problema, visto que a grande empresa se apoia em alta capitalização e na orientação do progresso técnico no sentido de poupar trabalho, o que se torna mais evidente com a Terceira Revolução Industrial. Daí que a atuação dessas firmas redunde em desemprego estrutural, por sua vez minando ainda mais o poder de barganha da classe trabalhadora. Transformações na organização do trabalho, flexibilização e outras formas de precarização se inserem nesse mesmo movimento.[25] Frente ao

---

25 Nesse sentido, temos que: "Um dos traços característicos do desenvolvimen-

DEPENDÊNCIA E SUBDESENVOLVIMENTO

estreitamento da margem de manobra da ação sindical e ao colapso das políticas de pleno emprego, a administração dos salários adquire grande flexibilidade, de maneira a instaurar-se uma tendência universal à concentração de renda.[26]

Se o capital transnacionalizado define a localização de suas atividades produtivas conforme o custo de reprodução da força de trabalho peculiar a cada sociedade, não é menos verdade que também redefine a localização de cada uma das etapas de seu processo produtivo de acordo com a disponibilidade e os custos relativos dos recursos de cada região do globo.[27] Isso implica que a integridade dos sistemas industriais, dos sistemas econômicos nacionais, corre riscos tanto maiores quanto mais avança o processo acumulativo no espaço transnacionalizado. Surge um sistema de divisão internacional do trabalho reeditado, o que significa que as economias nacionais perdem sua coerência interna. As relações de mútua determinação entre investimento e consumo se quebram.[28] Não é de surpreender que, na etapa do capi-

---

to atual é a lenta absorção de mão de obra, o que se traduz em desemprego crônico e em pressão para a baixa de salários da mão de obra não especializada. O que se vem chamando de 'sociedade de serviços' constitui uma mistura de elevada taxa de desemprego com uma parcela expressiva de população trabalhando em tempo parcial e precariamente" (Furtado, 1992: 30). E, tal como menciona Furtado (2000): "A tecnologia tradicional que segue a linha do fordismo tende a ser substituída pela organização em equipes em busca de *flexibilidade*, o que reduz a capacidade dos assalariados de organizarem-se em poder sindical" (Furtado, 2000: 6-7), problema que tem se manifestado de forma aguda nas economias avançadas.

26 Cf. Furtado (1999b: 23).

27 *Ibidem.*

28 Quando as atividades industriais formam um sistema, os impulsos endógenos de expansão se multiplicam, sendo essa coerência sistêmica um dos fa-

talismo transnacionalizado, às ondas de instabilidade se adicionem taxas de crescimento pouco expressivas, refletindo o declínio no ritmo de acumulação. É o esgotamento do padrão de acumulação que correspondeu à "era de ouro". Como resume Furtado:

> É de conhecimento geral que a fase de rápido crescimento das economias capitalistas industrializadas, iniciada após o segundo conflito mundial, apresenta óbvios sintomas de esgotamento. O quadro geral tem sido objeto de análise exaustiva: a elevação dos preços relativos das fontes primárias de energia comercial, as pressões inflacionárias generalizadas e persistentes, os desequilíbrios em um e outro sentidos dos balanços de pagamentos de grande número de países, o desemprego generalizado de fatores, particularmente da mão de obra, que assume formas crônicas, o desequilíbrio das finanças públicas, conduzindo a fortes pressões nos mercados financeiros, o declínio persistente na rentabilidade dos investimentos, a baixa nos salários reais, o acirramento da concorrência internacional num quadro de estagnação dos negócios... (Furtado, 1982: 51).

---

tores responsáveis pelo desenvolvimento. Se as atividades que compõem o setor industrial chegam a formar um sistema, escreve Furtado, "é porque em grande parte trabalham umas para as outras. Essa articulação não é outra coisa senão a diversificação da atividade industrial, decorrente da instalação de indústrias de produtos intermédios e de equipamentos. Na medida em que aumenta a importância relativa destas últimas, a capacidade autotransformadora do sistema econômico se inscreve na estrutura industrial" (Furtado, 1980: 118-119). É justamente essa capacidade que se perde quando a produção está organizada em um espaço transnacional. Cf. Sampaio Jr. (1999), cap. 2, item 2, especialmente p. 79-82.

DEPENDÊNCIA E SUBDESENVOLVIMENTO

Tomando-se todas essas condições em conjunto – debilitamento da classe trabalhadora, baixo crescimento etc. – Furtado conclui que o avanço do processo de globalização, à medida que vem se dando sem regulação supranacional, tende a produzir e acentuar a concentração de renda, internamente a cada nação, e a desigualdade de desenvolvimento entre as nações. É a retomada da supremacia da lógica dos mercados – da racionalidade instrumental – sobre a sociedade – sobre a racionalidade substantiva.[29]

Convém recuperar o que foi enunciado até aqui. O desenvolvimento, na forma clássica delineada por Furtado,[30] assentava-se em uma articulação virtuosa entre concorrência intercapitalista e luta de classes, em que o progresso técnico e o desenvolvimento do mercado interno evoluíam emparelhados. Acontece que a transnacionalização do capital promove justamente uma ruptura entre economia e sociedade, ao restabelecer a preeminência da racionalidade mercantil, de tal modo que os vínculos que antes ligavam a acumulação de capital à socialização dos ganhos de produtividade tendem a se afrouxar. Conforme visto, o padrão tecnológico vigente na etapa atual do capitalismo se baseia na intensividade

---

29 A influência weberiana é explícita em Furtado, quando se refere à contraposição entre racionalidade instrumental e racionalidade substantiva. "[A] invenção cultural tende a ordenar-se em torno de dois eixos: *a)* a ação do homem e *b)* os fins a que o homem liga a própria vida. É o que desde Weber se tem chamado de *racionalidade formal* ou *instrumental* e *racionalidade dos fins* ou *substantiva*. A invenção diretamente ligada à ação supõe a existência de objetivos ou fins previamente definidos. Ela nos dá a *técnica*. A invenção ligada aos fins, aos desígnios últimos, nos dá os *valores*" (Furtado, 1980: X).

30 Veja-se o subitem "Desenvolvimento, subdesenvolvimento e suas formas concretas", do primeiro capítulo desse trabalho.

141

no uso do capital e nas técnicas e processos poupadores ou substituidores de trabalho humano, que têm respondido pelo fenômeno do desemprego estrutural nas economias centrais.

De fato, como lembra Furtado, a revolução tecnológica dos últimos decênios tem se orientado de maneira tal a fortalecer o poder do grande capital, não apenas em sua capacidade de explorar o trabalho humano (automação, robotização, informatização), mas ainda a eficácia de sua atuação – sua coordenação – em um espaço global (telecomunicações, informática etc.).[31] Ademais, ainda com relação aos aspectos técnicos, o processo de globalização da produção tem sido responsável pelo desmembramento dos sistemas produtivos orgânicos que estavam na base dos sistemas econômicos nacionais.

Aquele padrão, com baixa capacidade de absorção de mão de obra, em conjunção com o imenso poder financeiro acumulado pelas grandes empresas e sua capacidade de incorporar os recursos de mão de obra barata da periferia, eliminou o relativo equilíbrio de forças entre capital e trabalho, repondo, em patamares superiores, a assimetria da relação entre proprietários dos meios de produção e trabalhadores. Ou seja, o debilitamento da classe trabalhadora frente ao capital transnacionalizado elimina a relação de compatibilidade entre estrutura produtiva e estrutura social que possibilitava o encadeamento entre acumulação e socialização, entre investimento e consumo, bases do desenvolvimento autodeterminado. Ao invés de socialização dos incrementos de produtividade, o que tem se observado é a concentração de renda,

---

31 Cf. Furtado (2002: 50).

DEPENDÊNCIA E SUBDESENVOLVIMENTO

com deterioração da participação dos trabalhadores na renda nacional. Em síntese:

> O quadro descrito, em que o dinamismo econômico se originava de maneira endógena, modificou-se de forma dramática a partir dos anos 70, em decorrência de autênticas mutações estruturais no plano internacional. A perda de controle dos fluxos de liquidez internacional pelos bancos centrais e a rápida integração dos sistemas monetários e financeiros deram origem a uma situação nova em que a própria ideia de sistema econômico nacional passou a ser apresentada como anacronismo (Furtado, 1992: 29).

Nessas circunstâncias, inviabiliza-se a retomada das elevadas taxas de crescimento vigentes na "era de ouro", conforme declina o próprio ritmo da acumulação, na ausência dos fatores dinâmicos endógenos que as economias nacionais propiciavam. À medida que continue a se acentuar essa ruptura entre economia e sociedade, assim como o rompimento das cadeias produtivas em nível nacional, resultantes da supremacia da lógica abstrata da acumulação capitalista em âmbito planetário, estaremos assistindo à completa remoção dos pressupostos do modelo clássico de desenvolvimento. Por isso, não seria exagero, nos termos de Furtado, postular que, na etapa do capitalismo transnacionalizado, o desenvolvimento capitalista nacional passe a se apresentar como uma utopia inexequível. É a crise do desenvolvimento capitalista nacional.

JOÃO PAULO DE TOLEDO CAMARGO HADLER

O pensamento de Celso Furtado (II) –
Da dependência ao desmonte da Nação

O capitalismo dependente e a modernização
dos padrões de consumo

Para as economias dependentes da periferia do capitalismo, os efeitos da transnacionalização assumem um caráter particularmente nefasto, em função das peculiaridades próprias do subdesenvolvimento. Aqui, deveremos fazer referência à reinterpretação de Furtado acerca do caráter – e dos limites – da industrialização periférica e da articulação entre os fenômenos do subdesenvolvimento e da dependência.[32] O conceito de modernização dos padrões de consumo é crucial nesse novo esforço interpretativo, qual seja, o de apreender possibilidade

---

32 É importante fazer a distinção entre dependência e subdesenvolvimento. Furtado entende a dependência como fenômeno mais geral que o subdesenvolvimento. A dependência, "situação particular dos países cujos padrões de consumo foram modelados do exterior" (Furtado, 1974: 84), nem sempre engendra o subdesenvolvimento, para tanto pressupondo a existência de determinado padrão de dominação social. Segundo Furtado, "o fenômeno que chamamos dependência é mais geral do que o subdesenvolvimento. Toda economia subdesenvolvida é necessariamente dependente, pois o subdesenvolvimento é uma criação da situação de dependência. Mas nem sempre a dependência criou as formações sociais sem as quais é difícil caracterizar um país como subdesenvolvido" (Furtado, 1974: 87). De qualquer maneira, o fenômeno do subdesenvolvimento é ininteligível se depurado das relações de dependência. Conforme veremos abaixo, é a noção de modernização dos padrões de consumo que explicita a articulação entre dependência externa e dominação interna. Sobre os conceitos de dependência e subdesenvolvimento, suas diferenças e conexões, ver, principalmente, Furtado (1967), cap. 18; Furtado (1971); e Furtado (1974), cap. II.

e limites do desenvolvimento nacional, da superação do subdesenvolvimento, em meio à reordenação da economia mundial que representa o processo de transnacionalização.

A partir do momento em que Furtado passa a ver a industrialização periférica como um processo adaptativo, como uma reposição da dependência sob nova forma, o problema do capital estrangeiro adquire outros contornos, muito mais marcados. A industrialização retardatária seria tão somente a transplantação de atividades produtivas outrora localizadas no centro capitalista, assim sendo parte integrante do longo processo de internacionalização do capital. E o que explica a centralidade das empresas transnacionais no processo substitutivo é a situação congênita de dependência cultural das sociedades periféricas, que impõe a modernização dos padrões de consumo como norte do processo de industrialização.

De acordo com Furtado, o desenvolvimento dependente resulta do empenho das elites locais para gerar e se apropriar de um excedente, destinado a financiar seu consumo mimético. No momento de integração das economias periféricas no sistema de divisão internacional do trabalho, no século XIX, a especialização na produção e exportação de produtos primários havia permitido elevar a produtividade social sem incorporar os novos processos e técnicas da Revolução Industrial. Desse modo, preservaram-se sistemas de dominação – incluindo desde a escravidão a formas veladas de servidão – que asseguravam às classes dominantes, detentoras dos meios de produção, apropriarem-se de grande parte do excedente, podendo importar os bens de consumo produzidos pelas nações industriais.[33] Enfim, tratava-se de uma elite culturalmente integrada no centro do sistema, com aspirações a copiar os estilos de vida e os padrões de consumo, em rápida transformação, do capitalismo industrial. É um problema de colonialismo cultural.[34]

Como a estrutura produtiva da periferia não precisava se modificar significativamente para dar origem àquele excedente, bastando incorporar ao processo produtivo recursos até então ociosos – terra e trabalho – a acumulação no sistema produtivo era insignificante. Daí o relativo atraso no desenvolvimento das forças produtivas na periferia, onde o excedente, ao invés de ser canalizado preferencialmente para a acumulação, destinava-se a sustentar o consumismo das elites. A modernização dos padrões de consumo nada mais é que a disparidade entre diversificação do consumo e acumulação produtiva, sendo fruto da dependência cultural. Dessa maneira, Furtado pode conceituar o subdesenvolvimento como sendo "a manifestação dessa disparidade entre o dinamismo da demanda e o atraso na acumulação reprodutiva" (Furtado, 1984: 115). E prossegue: "Este último tem sua origem na

---

33 Nos dizeres de Furtado: "Ali onde não se reuniram as condições para que os trabalhadores e assalariados em geral assumissem o papel de força social autônoma e lutassem eficazmente para participar dos frutos da acumulação e do progresso técnico, pode-se dizer que o capitalismo abastardou-se e conduziu a formas disfarçadas de servidão" (Furtado, 1978: 97).

34 É o que explicita Furtado: "Essas reflexões me levaram à convicção de que a permanência do subdesenvolvimento se deve à ação de fatores de natureza cultural. A adoção pelas classes dominantes dos padrões de consumo dos países de níveis de acumulação muito superiores aos nossos explica a elevada concentração de renda, a persistência da heterogeneidade social e a forma de inserção no comércio internacional" (Furtado, 1998: 60).

DEPENDÊNCIA E SUBDESENVOLVIMENTO

forma de inserção no sistema de divisão internacional do trabalho e o primeiro na penetração dos padrões de consumo dos países centrais" (Furtado, 1984: 115-116). Em síntese:

> O controle do progresso tecnológico e a possibilidade de impor padrões de consumo, da parte de certas economias, passa a condicionar a estruturação do aparelho produtivo de outras, as quais se tornam "dependentes". Essa estruturação se processa de forma a permitir que uma minoria dentro do subsistema dependente esteja em condições de reproduzir os padrões de vida de prestígio criados nos subsistemas dominantes. Assim, na economia dependente existirá, sob a forma de um "enclave" social, um grupo culturalmente integrado nos subsistemas dominantes (Furtado, 1967: 183).

Mas a dependência muda de formas historicamente. A partir da crise do sistema de divisão internacional do trabalho, quando se restringiu significativamente o acesso às manufaturas produzidas no estrangeiro, alguns países periféricos tiveram de buscar na industrialização substitutiva a maneira de continuar atendendo o padrão de demanda consolidado. No entanto, quanto mais avançou a substituição de importações, em direção aos bens de consumo duráveis e bens de produção, visando atender os padrões de consumo mais sofisticados das classes dominantes, o processo de industrialização foi revelando suas limitações.[35] O que se trata de explicitar, agora,

---

35 Conforme visto no capítulo anterior, subitem "Os limites da industrialização periférica".

é que o fundo do problema estava em que a industrialização substitutiva foi orientada pela modernização.[36]

Partindo de uma situação de atraso no desenvolvimento das forças produtivas, de um baixo nível de acumulação, as economias subdesenvolvidas, ao procurarem internalizar a produção de manufaturas típicas do desenvolvimento capitalista avançado, acabam por encontrar constrangimentos objetivos ao seu próprio desenvolvimento: insuficiência da capacidade para importar, estreitamento do mercado interno em função da concentração de renda e marginalização social etc. A industrialização periférica, ao ter como norte a modernização dos padrões de consumo, redunda em progressiva concentração de renda, à medida que implica em transplante das técnicas mais avançadas e intensivas em capital das economias centrais, que não encontram correspondência no grau de acumulação atingido pela economia periférica. E, quanto mais se concentra a renda, mais o perfil da demanda se modifica no sentido de agravar a modernização, em um círculo vicioso que é a essência do subdesenvolvimento.

Portanto, a industrialização periférica não é um processo autônomo, tendo em vista que está sobredeterminada pela modernização, por padrões de consumo que continuam a ser irradiados desde o centro capitalista e que encontram ressonância nas burguesias dependentes.[37] Nessas condições,

---

36 Daqui em diante, sempre que se refira a "modernização", esteja subentendido que se trata da "modernização dos padrões de consumo", salvo menção em contrário.

37 Ou seja: "O que caracteriza uma economia dependente é que nela o progresso técnico desempenha papel subalterno. De uma perspectiva mais ampla, cabe reconhecer que o desenvolvimento de uma economia depen-

DEPENDÊNCIA E SUBDESENVOLVIMENTO

o aprofundamento do processo de industrialização passa a depender cada vez mais da desnacionalização desse mesmo sistema produtivo, isto é, deverá amparar-se na presença maciça das corporações transnacionais. Com isso, introjeta-se a própria relação de dependência.[38] Como destaca Furtado: "Se a dependência externa ganhou profundidade, enraizando-se no sistema produtivo exatamente no momento em que este se voltava para o mercado interno, foi em razão do estilo de desenvolvimento" (Furtado, 1980: 133). E, pelos traços peculiares à grande empresa, cuja penetração se vê facilitada, a modernização tende a se acentuar, cerrando-se ainda mais o circuito do subdesenvolvimento.

Enfim, por meio do conceito de modernização dos padrões de consumo, Furtado explicita os nexos de mútua determinação entre dependência e subdesenvolvimento, que tendem a se agravar na etapa do capitalismo transnacionalizado. Em Furtado, é a modernização, enquanto norte do processo de incorporação de inovações que caracteriza o

---

dente é o reflexo do progresso tecnológico nos polos dinâmicos da economia mundial" (Furtado, 2003: 107-108). E prossegue: "A industrialização brasileira tem sido uma forma de desenvolvimento do tipo dependente: o fator dinâmico, também neste caso, se originou de modificações do perfil da demanda, cabendo à assimilação de novas técnicas produtivas um papel ancilar" (Furtado, 2003: 108).

38 Porém, como destaca Furtado, a dependência pode existir mesmo na ausência do controle do capital estrangeiro sobre o aparelho produtivo nacional: "O que importa não é o controle do sistema de produção local por grupos estrangeiros e sim a utilização dada àquela parte do excedente que circula pelo comércio internacional. Na fase de industrialização, o controle da produção por firmas estrangeiras, conforme veremos, facilita e aprofunda a dependência, mas não constitui a causa determinante desta" (Furtado, 1974: 84). O determinante é a "posição de satélite cultural" (Ibidem).

desenvolvimento dependente, a categoria que dá conta da articulação entre dependência externa e dominação interna, bem como da reprodução dessa articulação. E é essa relação que produz um antagonismo irreconciliável entre dependência externa e desenvolvimento nacional, entre elites aculturadas e capitalismo nacional. Por isso, a perversidade do capitalismo dependente se encontra no fato de que ele nega às massas da população até as formas mais elementares de convivência social, de sociabilidade capitalista, ou seja, a socialização do ser humano enquanto mercadoria e por meio de mercadorias – isto é, enquanto trabalhador e consumidor, respectivamente.

O capitalismo dependente e a transnacionalização do capital

Assim sendo, no capitalismo dependente, as consequências da transnacionalização do capital se manifestam de maneira exacerbada, com um fator agravante que é o de constituírem sociedades em que se colocou em suspenso o processo de formação. Furtado aponta o problema nos seguintes termos:

> A questão maior que se coloca diz respeito ao futuro das áreas em que o processo de formação do Estado nacional se interrompe precocemente, isto é, quando ainda não se há realizado a homogeneização nos níveis de produtividade e nas técnicas produtivas que caracteriza as regiões desenvolvidas (Furtado, 1992: 24).

DEPENDÊNCIA E SUBDESENVOLVIMENTO

Para Furtado, com a vitória do desenvolvimento associado, amparado no movimento do capitalismo monopolista internacional, subtraíram-se definitivamente as condições subjetivas e objetivas para o desenvolvimento capitalista nacional. De fato: "A redução a um papel de dependência, da classe de empresários nacionais, interrompeu na América Latina o processo de desenvolvimento autônomo de tipo capitalista, o qual chegara apenas a esboçar-se" (Furtado, 1973: 55). Pelo lado das condições subjetivas, abortou-se o processo de formação de uma burguesia nacional que se projetasse como classe dirigente, legitimando-se pela defesa dos interesses nacionais. Quanto às condições objetivas, o controle das atividades industriais por empresas de atuação transnacional vem corroendo as bases de um sistema econômico nacional, aumentando o grau de desarticulação da economia nacional.[39]

Como já mencionamos, um dos objetivos da transnacionalização é conquistar o acesso a reservas de mão de obra barata, as quais se encontram tipicamente nos países subdesenvolvidos. Ora, um dos traços do subdesenvolvimento é justamente a presença de um excedente estrutural de mão de obra, que preserva a taxa de salário do trabalhador manual em um nível muito reduzido. Já fizemos referência às dificuldades que aquela superpopulação relativa coloca em termos de formação de uma consciência de classe e de organização sindical dos trabalhadores na periferia do capitalismo. A situação tinha sido totalmente inversa nas economias centrais, onde o proletariado havia angariado força e representatividade

---

39 Com relação à supressão das condições objetivas e subjetivas do desenvolvimento capitalista autônomo, ver Furtado (1973: 84-85 e 1976: 96-97).

política suficientes para atrelar o nível salarial à produtividade do trabalho (e que tendem a se acentuar conforme avança a acumulação). Logo, não é de se surpreender que uma das fronteiras de expansão das transnacionais fosse justamente em direção àquelas regiões periféricas em que o custo de reprodução da força de trabalho é dos menores. Se para as economias centrais isso representou o enfraquecimento político e a deterioração da participação da classe trabalhadora na renda social, para as sociedades dependentes o resultado foi ainda mais grave.

Antes de tudo, façamos algumas considerações de ordem mais geral. Em primeiro lugar, como indica Furtado, é necessário ter em conta o padrão de desenvolvimento do qual as corporações transnacionais são vetores. As novas formas de organização da produção e da concentração, o padrão tecnológico apoiado em elevada capitalização, novas tecnologias, e o progresso técnico na sofisticação ininterrupta dos padrões de consumo e sua homogeneização, constituem alguns dos elementos distintivos desse padrão, originariamente estadunidense. Ao ser transplantado para economias subdesenvolvidas, em que, por si só, o problema da marginalização social já é grave e congênito, esse padrão de desenvolvimento desdobra-se em agravamento do desemprego estrutural e da concentração de renda, que passam a ser reproduzidos ampliadamente.

De acordo com Furtado, tendo em conta que o progresso técnico é ininterrupto e acelerado nas economias centrais, em especial no contexto da última revolução tecnológica, a lógica da modernização determina que a continuidade do processo de industrialização deva se apoiar no predomínio da empresa transnacional no aparelho produtivo nacional. Quanto mais intenso o influxo de novos produtos, maior deverá ser a presença do capital estrangeiro, detentor das técnicas e dos recursos financeiros. Como consequência da penetração do padrão tecnológico de vanguarda nas economias subdesenvolvidas, temos a ampliação do excedente estrutural de mão de obra e, portanto, da concentração de renda. Quanto mais esta avança, e quanto mais se difundem os novos estilos de vida por meio da propaganda das empresas transnacionais, cada vez mais dominantes no mercado interno, mais se intensifica a modernização, e assim se configura um círculo vicioso. A massa de salários tende a perder importância relativa frente à parcela do excedente apropriada pelas classes dominantes locais e pelo capital estrangeiro.

A situação, em essência, não se modifica quando a própria industrialização periférica é ameaçada de reversão pela estratégia global das transnacionais, priorizando-se a competitividade internacional para gerar saldos reais que satisfaçam os credores externos e financiem o consumo das elites, por meio de importações. O que importa é a relação entre modernização dos padrões de consumo e monopólio do progresso técnico pelas economias centrais, ou mais especificamente pelos oligopólios internacionais, que repõe a dependência (cultural, tecnológica e financeira) em bases ampliadas e condiciona a superexploração da força de trabalho interna, processo que se torna tão mais evidente na etapa do capitalismo transnacionalizado. Conforme Furtado:

> A pressão que exercem as empresas transnacionais no quadro dessas novas formas de mercado, que combinam elementos da "concorrência monopolística" com as estratégias dos oligopólios, no sentido de difundir as

formas mais sofisticadas de consumo que engendra a civilização industrial, constitui uma das causas básicas da crescente heterogeneidade social do mundo dependente. O rápido desenvolvimento das forças produtivas, ainda que limitado a certos setores ou áreas, e os baixos salários, que uma oferta elástica de mão de obra permite pagar ao trabalhador não especializado, proporcionam considerável excedente. Realimenta-se, assim, a acumulação, em benefício de uma classe média cujos padrões de consumo se distanciam consideravelmente dos da massa da população (Furtado, 1978: 68).

Enfim, conclui Furtado:

> Não se trata de simples reprodução das desigualdades sociais e sim de agravação destas. Em síntese: o desenvolvimento das forças produtivas em condições de dependência não engendra as transformações sociais que estão na base da valorização da força de trabalho (Furtado, 1978: 69).

Em segundo lugar, é necessário ressaltar que as empresas estrangeiras são também vetores de padrões culturais oriundos das nações centrais, na forma de um fluxo de produtos em constante renovação. A grande empresa, capaz de condicionar o comportamento dos consumidores, impondo-lhes determinados padrões de consumo, eleva a um novo patamar o problema da modernização, próprio do subdesenvolvimento. A intoxicação pelos hábitos de consumo infundidos pela propaganda[40] faz-se ainda mais extremada na etapa atual do capitalismo, em que a

---

40 Cf. Furtado (1973: 189-190).

DEPENDÊNCIA E SUBDESENVOLVIMENTO

grande empresa conta com os recentes avanços nas telecomunicações e a indústria cultural se firma como um negócio de grandes proporções, em ambos os casos impondo-se a necessidade de uniformização dos padrões de comportamento.[41]

Acontece que aqueles novos bens de consumo são produzidos com base na tecnologia mais avançada das economias de elevado nível de acumulação, e que, com a revolução tecnológica dos últimos decênios, tende a modernizar-se rapidamente, respondendo aos ditames daquele padrão de desenvolvimento do capitalismo transnacionalizado. Desse modo, a dependência tecnológica das economias periféricas, com atraso no nível de acumulação, é reposta constantemente, conforme a assimilação do progresso técnico seja orientada pela modernização.[42] Nesses termos, a única forma de ter acesso à técnica moderna, ao padrão tecnológico de vanguarda, é através das empresas transnacionais. Ou seja, a intensificação da dependência cultural redunda em reafirmação da dependência tecnológica, de maneira tal que passam a se condicionar e se reforçar mutuamente.

Enfim, como as economias dependentes que se industrializam partem de uma situação de atraso relativo na acumulação, e

---

41 Cf. Furtado (2000: 5).

42 Com relação à dependência tecnológica, Furtado afirma que: "A modernização não seria apenas a adoção de novas constelações de valores. Ela impõe a introdução de padrões de consumo, sob a forma de novos produtos finais, que correspondem a um grau de acumulação e de sofisticação técnica que não existe na sociedade que se moderniza. A utilização do excedente gerado pela especialização internacional no financiamento do consumo de uma minoria da população permite contornar o obstáculo da insuficiência de recursos mas não o atraso tecnológico. A reprodução, mediante a industrialização substitutiva, das estruturas sociais modernizadas tende a perpetuar a dependência tecnológica" (Furtado, 1984: 116).

estando o progresso técnico sob o estrito controle das empresas originárias das economias centrais, a necessidade de manter-se em sincronia com os padrões de consumo cêntricos em constante mutação (dependência cultural), torna o esforço de industrialização substitutiva progressivamente maior, de maneira tal que o acesso às tecnologias de vanguarda só é possível mediante o ingresso do capital monopolista internacional (dependência tecnológica). Uma vez que as economias subdesenvolvidas sofrem de insuficiência de capacidade para importar, o aporte do capital estrangeiro reforça, por sua vez, a dependência financeira.[43]

Como a tendência à concentração de renda encontra-se atrelada à modernização dos padrões de consumo,[44] a

---

43 Não é por outra razão que, para Furtado, a luta pelo desenvolvimento está diretamente vinculada à luta pela preservação da identidade nacional e de uma cultura própria. Sobre essa questão, ver Furtado (1998), cap. 7. Cf. Furtado (1968; 133).

44 Aqui convém reproduzir a explicação de Furtado sobre a concentração de renda como contrapartida necessária da modernização: "Mas o caso de uma *modernização* beneficiadora do conjunto da população não passa de hipótese de escola. Na realidade dos fatos, o processo de *modernização* agravou a concentração de riqueza e renda já existente, acentuando-a na fase de industrialização substitutiva. Somente o segmento de população que controla o setor da produção afetado pelos aumentos de produtividade – aumentos permitidos pelas vantagens comparativas no comércio internacional e pela industrialização substitutiva – desfruta os benefícios da *modernização*. Excluída a intervenção do Estado, esse processo concentrador somente se interrompe quando escasseia a mão de obra e o quadro institucional permite que os trabalhadores se organizem para pressionar por melhores salários. Ora, condição necessária para que se produza a raridade de mão de obra é que o essencial dos aumentos de produtividade seja canalizado para a poupança e investido em atividades criadoras de emprego. Conforme vimos, esse processo se frustra no quadro da *modernização*. A adoção de padrões de consumo imitados de sociedades de níveis de riqueza muito superiores torna inevitável o dualismo social" (Furtado, 1992: 44).

intensificação desta conduz ao agravamento da heterogeneidade social nas sociedades dependentes. De acordo com Furtado, quanto mais sofisticados os padrões de consumo, maior a necessidade de apoiar-se na tecnologia moderna, intensiva em capital, e nas grandes empresas estrangeiras que monopolizam o progresso técnico. Amplia-se o desemprego estrutural, com mais pessoas sendo relegadas ao exército de reserva. Ora, o capital monopolista internacional encontra-se, desse modo, em condições duplamente favoráveis para promover a concentração de renda. De um lado, como já foi ressaltado, é próprio da grande empresa a capacidade de fixar preços, assegurando-se determinada rentabilidade. Ao instalar-se em economias com acentuado atraso na acumulação, a grande empresa produz uma concentração do poder econômico superior àquela observada nas economias centrais, de maneira a acentuar aquela sua capacidade de tributar o consumidor.[45]

De outro lado, sob o condicionante de um excedente estrutural de mão de obra que tende a se ampliar, a empresa transnacional defronta-se com uma força de trabalho de baixo custo. Nessas circunstâncias, o capital estrangeiro pode contar com expressivas taxas de lucro, enquanto que a participação da massa de salários na renda nacional vai sendo comprimida. Enfim: "Em uma economia com as características da brasileira, em que as taxas de salários pouca relação têm com as elevações de produtividade, as empresas estão em situação privilegiada para reter em sua totalidade os benefícios do progresso tecnológico" (Furtado, 1973: 186). É assim que

---

45 Cf. Furtado (1968: 70-83 e 129-133).

a empresa transnacional passa a apoiar-se na crescente taxa de exploração da força de trabalho da periferia do sistema capitalista. A partir desse quadro, é possível se estabelecer a relação fundamental entre dependência externa e taxa interna de exploração, a partir de um padrão de acumulação, no capitalismo dependente sob o influxo das grandes empresas estrangeiras, em que a superexploração é funcional tanto para a reprodução das estruturas internas de dominação, das elites aculturadas, quanto das empresas transnacionais. De fato:

> O subdesenvolvimento tem suas raízes numa conexão precisa, surgida em certas condições históricas, entre o processo interno de exploração e o processo externo de dependência. Quanto mais intenso o influxo de novos padrões de consumo, mais concentrada terá que ser a renda. Portanto, se aumenta a dependência externa, também terá que aumentar a taxa interna de exploração. Mais ainda: a elevação da taxa de crescimento tende a acarretar agravação tanto da dependência externa como da exploração interna. Assim, taxas mais altas de crescimento, longe de reduzir o subdesenvolvimento, tendem a agravá-lo, no sentido de que tendem a aumentar as desigualdades sociais (Furtado, 1974: 94).

Em suma:

> Tanto as tensões sociais criadas no processo de reprodução das estruturas sociais inigualitárias como a influência do armamentismo na tecnologia engendram nas economias centrais pressões no sentido de abertura de novos espaços, particularmente na direção das

áreas periféricas. A expansão externa neste caso visa a dois propósitos principais: abrir caminhos de acesso a fontes de recursos não renováveis e incorporar indiretamente ao sistema mão de obra barata. A pressão na fronteira ecológica interna – agravada pela intensa acumulação – causa elevação dos custos de produção, portanto acrescenta obstáculos ao processo de reprodução das estruturas sociais. A forma mais fácil de aliviar essa pressão é ampliar o espaço, integrando no sistema fontes alienígenas de recursos naturais, particularmente dos não reprodutíveis. Contudo, os efeitos dessa incorporação indireta de recursos naturais têm limites. A partir de certo ponto, a acumulação interna gera pressões que afetam a eficácia do sistema de dominação social, as quais nem sempre são contornáveis mediante soluções proporcionadas pela técnica. [...] Parece fora de dúvida, entretanto, que a longo prazo a reprodução das estruturas sociais dos países centrais estará na dependência da incorporação indireta de mão de obra barata, o que já se vai obtendo mediante a organização da produção em espaços transnacionais (Furtado, 1978: 102-103).

Logo, como se depreende do último trecho citado, a superexploração do trabalho nas sociedades dependentes não é a única consequência do avanço do processo de globalização. A expansão do capital monopolista transnacionalizado em direção à periferia apoia-se, ainda, em sua crescente necessidade de acesso às fontes de recursos naturais não renováveis ali localizadas, como já foi mencionado. A dependência das empresas transnacionais em relação aos recursos naturais da periferia se explica pelo grau e pelo padrão de acumulação atingido pelas economias centrais. A integração das economias centrais, baseada no padrão de desenvolvimento tipicamente predatório que se projetou a partir dos Estados Unidos, em que desperdício e depredação do meio ambiente progridem lado a lado, tem colocado aquele espaço econômico face ao risco iminente de exaustão de sua base de recursos naturais.[46] Isso provoca uma corrida das empresas transnacionais para controlar o acesso a tais recursos, estratégicos à continuidade da acumulação, cujas principais fontes encontram-se atualmente nas regiões periféricas.

Para as sociedades dependentes, a disputa que se arma pelas suas reservas de recursos não renováveis, em nível mundial, entre as grandes corporações, representa mais um fator condicionante da proeminência das empresas transnacionais em seus respectivos sistemas produtivos – com todos os impactos já apontados – e de ameaça de reversão a uma situação de dependência em nada diferente das economias de tipo colonial, estruturadas em função das vantagens comparativas estáticas.

Para a periferia do capitalismo, um dos efeitos mais devastadores da transnacionalização do capital foi a exacerbação da dependência financeira.[47] O que importa salientar é que, segundo Furtado, o endividamento externo crônico das

---

46 Cf. Furtado (1974: 19-20, esp.)

47 A conformação de um esquema unificado de acumulação capitalista em escala mundial, sobretudo a partir da década de 1970, jogou os países periféricos na armadilha do endividamento externo. Com o salto no nível das taxas de juros praticadas internacionalmente, sobreveio a crise da dívida, que praticamente paralisou as economias latino-americanas e tornou suas autoridades monetárias impotentes. Sobre as relações entre sobreendividamento da periferia, ajuste externo das economias centrais e hipertrofia do sistema bancário internacional nos anos 1970, ver Furtado (1983a: 8-9).

DEPENDÊNCIA E SUBDESENVOLVIMENTO

economias subdesenvolvidas – ou seja, sua dependência financeira – resulta da predominância da modernização como mecanismo orientador da acumulação no capitalismo dependente.[48] À medida que se deva ter acesso aos bens de consumo criados no centro do sistema, seja por meio de importações ou produção interna, o custo em divisas para reproduzir a estratificação social nas sociedades dependentes apresenta-se elevado, daí o recorrente endividamento externo. A crise da dívida é um episódio desse processo, potencializado em seus efeitos adversos pelo descontrole de um sistema financeiro internacional hipertrofiado.

Nesse contexto, a política econômica passou a ser subordinada aos interesses prioritários dos credores internacionais e dos banqueiros, das finanças internacionais em geral, bem como do FMI e outros organismos multilaterais, "que na realidade são instrumentos do governo de Washington" (Furtado, 1992: 84). A consequência é a paralisia dos centros internos de decisão. É como conclui Furtado: "Destarte, implanta-se um sistema de tutela sobre o governo. Nessas condições, os critérios de curto prazo impostos pelos banqueiros fazem impraticável o prosseguimento de uma política de desenvolvimento" (Furtado, 1982: 63-64). Essa situação se reproduz nos anos 1990, com a liberalização financeira na América Latina, sob a égide do projeto neoliberal, passando o endividamento

---

48 Para Furtado, é o comportamento mimético de nossas elites que está por trás de duas tendências históricas: a propensão ao endividamento externo e a propensão à concentração da renda. Tais tendências se traduzem em insuficiência da capacidade para importar e da poupança interna, respectivamente. Daí que se manifeste recorrentemente a carência de recursos para o investimento produtivo. Cf. Furtado (1999b: 35-36; 2002: 8).

de curto prazo a agravar a debilidade dos centros nacionais de decisão, tornando-os impotentes para tomar medidas autônomas de política econômica, sob o jugo das finanças internacionais e de seus agentes.[49] Por isso, Furtado é incisivo em sua crítica ao modelo neoliberal:

> Forçar um país que ainda não atendeu às necessidades mínimas de grande parte da população a paralisar os setores mais modernos de sua economia, a congelar investimentos em áreas básicas como saúde e educação, para que se cumpram metas de ajustamento da balança de pagamentos, impostos por beneficiários de altas taxas de juros, é algo que escapa a qualquer racionalidade (Furtado, 2004: 484).

Logo, desde a crise da dívida, as economias subdesenvolvidas viram-se impelidas a conformar-se a uma nova divisão internacional do trabalho, sob a liderança das empresas transnacionais, que teria como contrapartida significativas modificações em suas estruturas produtivas. A organização da produção nos países periféricos devedores passa a ser sobredeterminada pela necessidade de gerar recursos reais em moeda forte, mediante exportações, a serem transferidos para as nações credoras. Para arcar com seus compromissos

---

49 É como afirma Furtado, referindo-se ao modelo de política econômica que se implanta a partir do Plano Real: "Essa política de juros altos provocou uma redução dos investimentos produtivos e uma hipertrofia dos investimentos improdutivos. O país começou a projetar a imagem de uma economia que se endivida no exterior para financiar o crescimento do consumo e investimentos especulativos, alienando o patrimônio nacional mediante um programa de privatizações" (Furtado, 1999b: 28).

DEPENDÊNCIA E SUBDESENVOLVIMENTO

externos, tais economias precisavam acumular saldos comerciais favoráveis, o que se deveria conseguir pela combinação de redução das importações (o que geralmente se fez através de medidas recessivas, de contenção da demanda agregada, paralisando a economia) e de promoção das exportações. Ou seja, a periferia do sistema capitalista, agora condenada à transferência de recursos reais como contrapartida do sobre-endividamento, entrava na competição pelos mercados externos. Daí que a busca irrefreada pela competitividade internacional, por uma inserção virtuosa, tenha se transformado em um virtual imperativo aos países da periferia prostrados pela dependência financeira.

Não obstante, como aponta Furtado, a concorrência nos mercados internacionais apoia-se principalmente em tecnologias de vanguarda, as quais não estão livremente à disposição das economias subdesenvolvidas, devido ao monopólio do progresso técnico detido pelas economias capitalistas avançadas. A busca pela competitividade internacional, dessa forma, implica em favorecer as empresas transnacionais localizadas nos países periféricos, de modo a poderem exportar suas manufaturas. As consequências da penetração dos conglomerados em economias subdesenvolvidas já foram apontadas acima. Agora, adicionam-se os riscos de desarticulação dos sistemas produtivos na periferia e de reversão a formas de especialização produtiva que não diferem muito, em termos de situação de dependência e subdesenvolvimento, das antigas economias de tipo colonial.

A contrapartida da luta por posições nos mercados externos é a abertura da economia à concorrência dos produtos importados. A exposição indiscriminada à competição internacional provoca o desmantelamento daqueles setores industriais com estruturas de capital mais débeis e operando uma tecnologia defasada, mas que respondiam justamente pela incorporação de força de trabalho e ampliação da base salarial, ou seja, pela formação do mercado interno.[50] Conforme salienta Furtado (1998): "[C]olocar a competitividade internacional como objetivo estratégico ao qual tudo se subordina é instalar-se numa situação de dependência similar à da época pré-industrial" (Furtado, 1998: 75). É ainda com relação a esses termos que Furtado faz o seguinte alerta:

> É corrente imaginar-se que os baixos salários são um fator importante na competitividade internacional. Ora, isso não pode ser verdade no caso de um país, como o nosso, que tem na indústria o fator decisivo de formação do mercado interno. [...] As indústrias que exploram mão de obra barata não dependem do mercado interno para crescer, já nascem vinculadas ao exterior. Indústrias desse tipo pouco se distinguem, do ponto de vista de sua inserção no sistema econômico, das atividades primário-exportadoras (Furtado, 1982: 58).

Enfim, o modo de inserção da periferia no sistema capitalista mundial fica condicionado pelas estratégias globais do grande capital transnacionalizado. Daí que seja difícil o acesso a uma posição internacional competitiva, dado que os mercados são dominados pelos oligopólios internacionais e pelo seu padrão de concorrência, em posições já bem consolidadas, além das formas de neoprotecionismo com que se

---

50 Cf. Furtado (1982: 59 e 1992: 46-47).

armam as economias centrais.[51] É o capital monopolista internacional que passa a determinar qual a posição que cabe às sociedades dependentes dentro da economia mundial. Para isso, Furtado insistentemente chama a atenção:

> Temos que interrogar-nos se os povos da periferia vão desempenhar um papel central na construção da própria história, ou se permanecerão como espectadores enquanto o processo de transnacionalização define o lugar que a cada um cabe ocupar na imensa engrenagem que promete ser a economia globalizada do futuro (Furtado, 1982: 132).

Tendo por base sua visão global, Furtado é explícito ao apontar que o capital, em seu movimento de transnacionalização, tira proveito dos desníveis no grau de acumulação das diferentes formações sociais que integram o sistema capitalista.[52] A desigualdade de desenvolvimento entre as nações é, portanto, condição e consequência do processo de acumulação capitalista em escala planetária, de modo a ampliar progressivamente o fosso que separa as nações-sedes das corporações gigantes, detentoras do monopólio tecnológico, e as sociedades dependentes, marcadas pelo subdesenvolvimento. Por exemplo:

---

51 Seguindo linhas semelhantes, Akyüz (2005) desmonta alguns mitos sobre as supostas conquistas das economias periféricas no âmbito do comércio internacional em período recente. Na verdade, por trás delas se encontram frequentemente os grandes grupos transnacionalizados, apropriando-se da maior parte dos ganhos.

52 Referindo-se ao nosso país, diz Furtado: "O Brasil é um país marcado por profundas disparidades sociais superpostas a desigualdades regionais de níveis de desenvolvimento, portanto frágil em um mundo dominado por empresas transnacionais que tiram partido dessas desigualdades" (Furtado, 1999a: 15).

O salto para além-fronteiras constitui para a empresa uma tentativa de recuperação da liberdade de manobra. Na nova área de ação ela irá confrontar-se com uma constelação de formações sociais heteróclitas, muitas das quais praticamente destituídas de organizações de defesa dos interesses das massas trabalhadoras. Este é particularmente o caso no que respeita aos países do chamado Terceiro Mundo. O contexto da internacionalização é, portanto, propício à volta da ação da empresa como instrumento de concentração da riqueza e da renda (Furtado, 1978: 25).

Ainda que, para Furtado, o subdesenvolvimento não seja uma necessidade própria do processo histórico capitalista, a acumulação de capital e o progresso das técnicas só chegaram aos atuais patamares porque puderam se apoiar em um sistema mundial polarizado entre centro e periferia.[53] E isso, como visto até agora, torna-se tão mais evidente quanto mais avançado se encontrar o processo de transnacionalização do capital. A mais nova fronteira de expansão do capital monopolista internacional é a periferia do sistema, onde a perpetuação do subdesenvolvimento assegura as condições para o prosseguimento da acumulação mundial: superexploração do trabalho, exploração predatória dos recursos naturais, dependência financeira e classes dominantes subservientes.[54]

---

53 Nos termos de Furtado: "o subdesenvolvimento deve ser entendido como um processo, vale dizer, como um conjunto de forças em interação e capazes de reproduzir-se no tempo. Por seu intermédio, o capitalismo tem conseguido difundir-se em amplas áreas do mundo sem comprometer as estruturas sociais pré-existentes nessas áreas. O seu papel na construção do presente sistema capitalista mundial tem sido fundamental" (Furtado, 1974: 94).

54 É como lembra Sampaio Jr., remetendo a Trotsky: "Em suma, o movimen-

Tal é o quadro que se apresenta a partir da condição de dependência, em sua nova forma assumida na etapa do capitalismo transnacionalizado. Nos dizeres de Furtado:

> A globalização opera em benefício dos que comandam a vanguarda tecnológica e exploram os desníveis de desenvolvimento entre países. Isso nos leva a concluir que países com grande potencial de recursos naturais e acentuadas disparidades sociais – como o Brasil – são os que mais sofrerão com a globalização. Isso porque poderão desagregar-se ou deslizar para regimes autoritários de tipo fascista como resposta às tensões sociais crescentes. Para escapar a essa disjuntiva temos que voltar à ideia de projeto nacional, recuperando para o mercado interno o centro dinâmico da economia (Furtado, 1999a: 15).

Como lembra Furtado, referindo-se mais especificamente ao Brasil – mas também às economias dependentes de grandes dimensões e marcadas por grande heterogeneidade – o verdadeiro desenvolvimento só é possível por meio de um processo de industrialização que tenha no mercado interno seu centro dinâmico.[55] A estratégia acima apontada, de inserção internacional competitiva, ao privilegiar a atuação das empresas transnacionais e de seu padrão tecnológico desvinculado da realidade do subdesenvolvimento, destrói toda articulação existente entre indústria e mercado nacio-

---

to da economia dependente não pode ser dissociado da lógica que rege o desenvolvimento desigual e combinado do capitalismo" (Sampaio Jr., 1999: 95). Cf. Sampaio Jr. (1999: 92-96).

55 Cf. Furtado (1998: 44).

nal. Primeiro porque, ao privilegiar vantagens comparativas estáticas, aquela estratégia tende a provocar o rompimento das cadeias produtivas[56] e, no limite, o desmonte do sistema industrial, já combalido pela prolongada estagnação. Enfim, os impulsos dinâmicos que resultam do funcionamento da economia enquanto um sistema deixam de existir, desaparecendo a coerência sistêmica e as economias externas.

Em segundo, e principalmente, o predomínio da orientação exportadora, apoiada em tecnologia de vanguarda, destrói os nexos entre acumulação de capital e formação do mercado interno, posto que aquela passa a se apoiar na ampliação do desemprego estrutural e na superexploração do trabalho. Sob o capitalismo transnacionalizado, as condições de realização da produção descolam-se do espaço econômico nacional:

> No quadro de uma economia nacional central o custo da mão de obra e o poder de compra da população são dois lados de um mesmo processo. [...] O quadro em que opera uma empresa que se expande no plano transnacional é fundamentalmente distinto, pois neste caso não existe relação entre o custo da mão de obra e o poder de compra daqueles que vão adquirir o produto (Furtado, 1976: 107).

Já não se trata mais da interrupção do processo de formação das bases econômicas de uma nação autodeterminada, mas da possibilidade de reversão do processo, de destruição daquelas bases materiais e do elemento que lhe imprimia dinamismo.

---

56 Cf. Furtado (1999b: 19).

DEPENDÊNCIA E SUBDESENVOLVIMENTO

Ademais, a guinada para um padrão de acumulação subordinado à estratégia de inserção externa das empresas transnacionais pode provocar a ruptura dos nexos existentes entre as diferentes regiões do país, ameaçando a própria integridade nacional.[57] A existência de um sistema industrial apoiado em um núcleo dinâmico endógeno – o mercado interno em desenvolvimento – permitia às distintas regiões do país uma relativa articulação entre si, conformando um espaço econômico nacional integrado. Como ressalta Furtado, tal situação era profundamente distinta daquela que ocorria quando o centro dinâmico ainda não fora internalizado, sendo o país uma economia de tipo colonial. A internalização do centro dinâmico, ao viabilizar a integração nacional, havia sido elemento fundamental para o processo formativo do Brasil enquanto nação.

Então, se o processo de transnacionalização está erodindo todas as bases sobre as quais se dera a industrialização brasileira, retirando tudo aquilo que conferia unidade ao espaço econômico nacional, o que parece emergir é uma situação em que as regiões passam a se vincular prioritariamente com o exterior. Ora, trata-se de uma reversão a uma forma de inserção que, em termos de dependência, pouco difere daquela típica da economia colonial, com o agravante de que agora, quando a concorrência pelos mercados externos faz-se muito mais acirrada e exige elevados níveis tecnológicos, as regiões entram em disputa umas com as outras para servir de base ao capital estrangeiro. Ressurgem rivalidades interregionais que pareciam há muito superadas, pondo em questão a unidade nacional. Ou seja:

---

57 Cf. Furtado (1992), cap. I, e Furtado (1998), cap. 3.

> Em um país ainda em formação, como é o Brasil, a predominância da lógica das empresas transnacionais na ordenação das atividades econômicas conduzirá quase necessariamente a tensões inter-regionais, à exacerbação de rivalidades corporativas e à formação de bolsões de miséria, tudo apontando para a inviabilização do país como projeto nacional (Furtado, 1992: 35).

É fundamental ressaltar a capacidade destrutiva do processo de transnacionalização, no que diz respeito às bases do desenvolvimento nacional, pois nas economias subdesenvolvidas o que está em jogo é a conclusão de seu próprio processo formativo. Ou seja, a transnacionalização do capital é responsável pela decomposição dos elementos que vinham sustentando a longa transição de uma economia colonial para uma economia nacional. E, o que é mais grave, coloca obstáculos à conquista dos requisitos que possibilitariam completar a formação das bases materiais da Nação.[58]

O controle do sistema produtivo pelo capital estrangeiro impõe diversos constrangimentos ao desenvolvimento. As empresas transnacionais são capazes de se apropriar de parcelas crescentes da renda nacional,[59] que assim se desvincula do espaço econômico nacional, ficando sua destinação sujeita às circunstâncias externas e aos planos da empresa em nível global. Por exemplo: "A grande empresa que desvia recursos financeiros de um país periférico, porque os salários neste começam a subir, para invertê-los em outro em que a mão de obra é mais barata, também está tomando decisões a partir de

---

58 Ver o item "Os limites da industrialização periférica", do primeiro capítulo.

59 Cf. Furtado (1974: 66-67).

um marco mais amplo" (Furtado, 1974: 53). Enfim, são lucros que não necessariamente se revertem onde foram gerados, e que, conforme sejam transferidos para o exterior, aumentam a escassez crônica de divisas das economias subdesenvolvidas (restrição à capacidade para importar).

Por outro lado, a tendência à concentração de renda inerente à modernização, aliada ao novo padrão tecnológico em que se apoia o capital monopolista internacional, que se reforça nos marcos do subdesenvolvimento (tipificado pelo excedente estrutural de mão de obra), representam bloqueios à formação do mercado interno. A tremenda concentração de renda que resulta da conjunção daqueles dois processos deprime o mercado nacional, tornando-o cada vez mais estreito, conforme predominam os padrões de consumo sofisticados das elites, orientando os investimentos para seu atendimento, em um processo de causação circular. Desse modo, predomínio das empresas transnacionais e modernização, ditada pelas burguesias dependentes, fazem com que não seja respeitada a condição fundamental do desenvolvimento autodeterminado, isto é, que a economia seja capaz de criar o próprio mercado.

Outro requisito do desenvolvimento se relaciona com o sistema produtivo, que deve atingir um alto nível de diversificação e integração, de maneira que o processo acumulativo não encontre constrangimentos objetivos e que se tenha acesso a economias externas. Ora, como já vimos, inscreve-se na própria lógica da transnacionalização reduzir as economias nacionais a estruturas produtivas simplificadas, especializadas de maneira tal que tornem-se competitivas internacionalmente e se enquadrem no circuito global de valorização do capital, e desarticuladas, à medida que seus vínculos tendem a se dar preferencialmente com os mercados externos. Perde-se o mercado interno como elemento integrador da economia nacional. Ademais, a estratégia globalizante do projeto neoliberal esteve associada ao desmonte ou sucateamento da infra-estrutura, mediante as privatizações (desnacionalização) e redução dos investimentos do Estado, privando-se de outro elemento central capaz de conferir integridade e coerência ao sistema produtivo.

Enfim, havíamos apontado que o desenvolvimento capitalista nacional, em Furtado, exigia três condições fundamentais, pressupostos que as sociedades periféricas deveriam preencher para encaminhar a superação do subdesenvolvimento: a internalização do centro dinâmico, a internalização dos centros de decisão e a democratização dos centros nacionais de decisão. Se até meados da década de 1960 Furtado ainda considerava que o Brasil poderia cumprir a totalidade desses requisitos, estando próximo de constituir-se enquanto economia nacional perfeitamente autodeterminada, a emergência do processo de globalização reverteu a situação de maneira drástica. Nas palavras de Furtado, "o processo de formação de um sistema econômico já não se inscreve naturalmente em nosso destino nacional" (Furtado, 1992: 13).

A formação de um sistema industrial orgânico, tendo como centro dinâmico o mercado interno, passa por um processo de reversão, conforme progride a transnacionalização do capital. O aparelho produtivo das economias subdesenvolvidas passa a ser mero prolongamento, um apêndice dos sistemas produtivos em transnacionalização, que conformam o sistema econômico mundial em estágio embrionário. À medida que as indústrias localizadas nos subsistemas dependentes, controladas pelas

DEPENDÊNCIA E SUBDESENVOLVIMENTO

corporações multinacionais, privilegiem a inserção externa, apoiada em vantagens comparativas e tecnologia de vanguarda, compromete-se a internalização do centro dinâmico, que exigira um prolongado processo histórico para se atingir.

O mesmo se pode afirmar quanto à internalização dos centros de decisão. Como foi destacado, o processo de transnacionalização tem como correspondência sistemas decisórios centralizados, em um plano de escala mundial que se superpõe aos Estados nacionais, que são os circuitos internacionalizados sob controle dos oligopólios internacionais e trustes bancários.[60] A contrapartida é o debilitamento das instâncias nacionais de decisão, que no caso da periferia do capitalismo chegam a se prostrar, imobilizadas ante a dependência financeira. O Estado carece de autonomia fiscal e monetária, dos meios para intervir, enquanto os fins passam a ser condicionados pelas exigências do capital financeiro internacional.

---

60 Tal como já havia alertado Furtado: "Por outro lado, coloca-se a questão da autonomia e da coerência do sistema de decisões econômicas. Se umas poucas dezenas de grupos estrangeiros controlam, através de suas filiais, grande parte do setor moderno da economia do país, que grau de autonomia corresponderá aos centros nacionais de decisão? Não devemos esquecer que as filiais das empresas estrangeiras estão inseridas no sistema de poder que prevalece no país que as acolhe, ao mesmo tempo que são parte integrante de conjuntos cujos centros principais se situam em outra parte. Esse caráter dúplice da empresa estrangeira compromete necessariamente a eficácia dos centros nacionais de decisão. Não é esse um problema específico do Brasil. Mesmo no Canadá, cujo desenvolvimento é em grande parte obra de empresas estrangeiras, e onde sempre prevaleceu a doutrina mais liberal a esse respeito, se está tomando consciência da desarticulação que significa para um sistema econômico depender de decisões tomadas no estrangeiro em setores fundamentais" (Furtado, 1973: 186-187). Ou seja, decisões fundamentais para o sistema econômico passaram a ser tomadas a partir do e com referência ao estrangeiro, erodindo a capacidade interventora do Estado nacional.

É fundamental para uma política de desenvolvimento que o Estado possa contar com amplo raio de manobra nos campos fiscal e monetário,[61] seja para orientar a iniciativa privada de acordo com um plano, seja para arcar ele mesmo com os investimentos que aquela não pode ou não deseja efetuar.

Além do mais, com a desarticulação dos sistemas econômicos nacionais, os instrumentos clássicos de política econômica e planejamento perdem muito de sua validade. Somente o Estado é capaz de sobrepor critérios políticos à racionalidade dos mercados, cumprindo importante papel formativo, ao organizar a esfera econômica a partir de uma perspectiva nacional. "Um sistema econômico nacional não é outra coisa senão a prevalência de critérios políticos que permitem superar a rigidez da lógica econômica na busca do bem-estar coletivo" (Furtado, 1992: 30). Daí a questão:

> Mas como desconhecer que o esvaziamento dos sistemas decisórios nacionais será de consequências imprevisíveis para a ordenação política de vastas áreas do mundo, em particular para os países subdesenvolvidos de grande área territorial e profundas disparidades regionais de renda,

face à supremacia dos mercados?

Por fim, a democratização dos centros nacionais de decisão, que antes já representava o maior desafio ao desenvolvimento brasileiro, agora parece ainda mais fragilizada. Ante a lógica perversa da combinação de modernização e transnacionalização, as tensões sociais atingem um patamar em que o Estado

---

61 Cf. Furtado (1999b: 36).

precisa recorrer não raro a formas autocráticas de controle social.[62] Nas condições de subdesenvolvimento, de segregação social e consciência de classe pouco desenvolvida, a transplantação das técnicas da Terceira Revolução Industrial representa um óbice quase intransponível à organização política da classe trabalhadora e à sua capacidade de interferir nas decisões políticas e econômicas nacionais. Por isso os trabalhadores têm mínima projeção no Estado, cujo controle é essencial para efetivar uma verdadeira política de desenvolvimento.[63]

Como é possível notar, a lógica da transnacionalização – que nada mais é que a lógica dos mercados operando em escala planetária – nega cada um dos pressupostos do desenvolvimento capitalista em bases nacionais. Assim sendo, seguindo Furtado, é possível postular que existe uma contradição fundamental entre desenvolvimento nacional e transnacionalização do capital. Sob o capitalismo dependente, nas condições de um processo formativo inconcluso, tal contradição converte-se em antagonismo aberto e irreconciliável. Era para esse risco, então potencial, que Furtado já chamava a atenção nos anos que imediatamente seguiram ao golpe militar:

---

62 Sobre a relação entre capitalismo dependente, empresas transnacionais e Estado autocrático na periferia do capitalismo, ver Furtado (1973: 41-42; 1976: 98; 1978: 125; 1992: 55-56; 1999a: 15; e 2002: 67-68).

63 Por exemplo, como diz Furtado: "Controlar o Estado, mesmo quando este permaneça no essencial um reflexo das estruturas sociais engendradas sob a hegemonia burguesa, é condição necessária para levar a luta a outros planos e poder enfrentar as novas forças concentradoras de riqueza que se manifestam na fase mais avançada da acumulação" (Furtado, 1978: 100). Cf. Furtado (1976: 49-50).

> Convocadas a atuar na América Latina com uma série de privilégios, fora do controle da legislação antitruste dos Estados Unidos e com a cobertura político-militar desse país, as grandes empresas norte-americanas terão necessariamente que transformar-se em um superpoder em qualquer país latino-americano. Cabendo-lhes grande parte das decisões básicas com respeito à orientação dos investimentos, à localização das atividades econômicas, à orientação da tecnologia, ao financiamento da pesquisa e ao grau de integração das economias nacionais, é perfeitamente claro que os centros de decisão representados pelos atuais estados nacionais passarão a plano cada vez mais secundário (Furtado, 1966: 44).

Então, para Furtado, os efeitos desestruturantes da transnacionalização manifestam-se em formas muito mais dramáticas nas condições de subdesenvolvimento, naquelas sociedades em que ainda não havia se completado a formação nacional. A presença maciça da empresa transnacional na economia subdesenvolvida impõe custos sociais crescentes, por meio de formas abertas ou disfarçadas de desemprego, ampliação das disparidades de renda entre as camadas da população e entre regiões.[64] Problemas esses que são típicos do subdesenvolvimento, mas que adquirem dimensões colossais à medida que o espaço transnacional de valorização do capital se torna mais intrincado e quanto mais se intensifica a revolução tecnológica, pondo em risco não somente a possibilidade do desenvolvimento nacional, mas a própria integridade nacional.

---

64 Cf. Furtado (1973: 41).

A verdade é que o capitalismo dependente enfrenta uma dupla crise, resultado da sobreposição de dois tempos históricos na totalidade que é o sistema capitalista mundial.[65] De um lado, está a crise global da civilização industrial, que resulta em desarticulação dos sistemas econômicos nacionais, baixo crescimento, concentração da renda e propagação de ondas de instabilidade, cujos efeitos desagregadores e desestruturantes são superdimensionados na periferia. De outro lado, está a crise da industrialização periférica, imposta pelo seu padrão de acumulação orientado pela modernização das formas de consumo, que tende recorrentemente a apresentar sinais de esgotamento, e ao acirramento das tensões sociais.[66] Em suma:

> Vivemos uma época em que se superpõem dois tempos históricos. Em um, se procura recuperar o atraso na construção do sistema político que deve regular atividades econômicas que já se estruturam em escala

---

65 Como nos diz Furtado: "Cabe, portanto, reconhecer que os povos do mundo periférico se confrontam com uma dupla crise: a da própria civilização industrial, decorrente do avanço progressivo da racionalidade instrumental, e a específica das economias periféricas, cuja situação de dependência cultural tende a se agravar" (Furtado, 2002: 68). Ou ainda: "O desafio que se coloca à presente geração é, portanto, duplo: o de reformar as estruturas anacrônicas que pesam sobre a sociedade e comprometem sua estabilidade, e o de resistir às forças que operam no sentido de desarticulação do nosso sistema econômico, ameaçando a unidade nacional" (Furtado, 1992: 13).

66 Especificamente a respeito da crise estrutural do capitalismo dependente, elucida Furtado: "a crise que agora aflige nosso povo não decorre apenas do amplo processo de reajustamento que se opera na economia mundial. Em grande medida, ela é o resultado de um impasse que se manifestaria necessariamente em nossa sociedade, a qual pretende reproduzir a cultura material do capitalismo mais avançado privando a grande maioria da população dos meios de vida essenciais" (Furtado, 2000: 4).

planetária; em outro, se busca eliminar formas anacrônicas de organização social que condenam milhões de
criaturas humanas a condições abjetas de vida. Falhar
em uma ou outra dessas duas tarefas é condenar a humanidade a continuar trilhando a via da instabilidade
e da incerteza (Furtado, 1988: 13).

Dependência e subdesenvolvimento, em seus nexos de
mútua determinação, revigoram-se como nunca antes. É a
conjunção de crise sistêmica do capitalismo e crise estrutural
do capitalismo dependente que põe à mostra as contradições
do próprio capitalismo global, de um processo histórico de
acumulação em escala mundial que sempre se fez em benefício das minorias das potências capitalistas e das elites aculturadas e dependentes da periferia. E é essa dupla crise que des-
vela o tamanho do impasse que representa o atual momento
histórico e o potencial catastrófico de seu desfecho.

Capítulo 3

O desafio histórico da superação do subdesenvolvimento na etapa do capitalismo transnacionalizado

O subdesenvolvimento, como o deus Jano, tanto olha para a frente como para trás, não tem orientação definida. É um impasse histórico que espontaneamente não pode levar senão a alguma forma de catástrofe social.

Celso Furtado, *Brasil: a construção interrompida* (1992).

A superação do impasse histórico por meio da vontade política

O impasse da crise sistêmica do capitalismo

O DIAGNÓSTICO DE FURTADO a respeito do momento histórico que ora tratamos é marcado pela sua gravidade. Contudo, apesar de todo o potencial cataclísmico do atual padrão de acumulação, resultante da evolução do sistema capitalista mundial, e de seus efeitos particularmente adversos para os povos da periferia do capitalismo, Furtado vê a saída do impasse não na superação, mas na reforma desse sistema. Em seu modo de ver, o cerne da questão é a reforma da ordem econômica internacional. De certa forma, Furtado pretende que se leve a globalização às suas últimas consequências. Vejamos de que se trata isso.[1]

---

1 É adequado esclarecer que não existe uma contradição entre o diagnóstico e a terapêutica proposta por Furtado, acerca da crise do capitalismo, ou qualquer tipo de falta de rigor em seu pensamento. Ambos enquadram-se perfeitamente em seus marcos teóricos. Essa discussão é feita por Sampaio Jr. (2008).

Primeiramente, Furtado fornece indícios de que o processo de globalização da produção é um imperativo tecnológico. O ponto central reside no fato de que a inserção naquele processo teria se tornado inescapável, frente à unidade material que representa a civilização industrial, à qual estariam integrados todos os povos. Ao articular todas as sociedades em um único espaço econômico de amplitude mundial, o processo de transnacionalização apontaria para a formação de um sistema econômico de mesmo âmbito, como indicado no capítulo precedente. Retrair-se em formas de insulamento seria privar-se do acesso ao progresso técnico engendrado no âmago do capitalismo mundial.[2] Tal opção não estaria posta para os países periféricos, já impregnados pelos valores materiais (ideal do progresso) da civilização industrial e, principalmente, pelo sacrifício econômico que representaria recuar no sistema de divisão social do trabalho.

Para Furtado, o isolamento em si não representa solução, em primeiro lugar porque não elimina a dependência cultural, em segundo porque priva a economia do acesso ao progresso técnico irradiado do centro e, por fim, leva à perda do dinamismo imprimido por importantes setores sob o controle do capital estrangeiro. No que toca aos países de economia dependente, aqueles que desejarem ter acesso ao progresso material deverão equacionar alguma outra forma de incorporação da tecnologia moderna, mas não poderão abrir mão dela. É o acesso à tecnologia de vanguarda que pode

---

2　Furtado é explícito quanto a esse ponto: "Não se pode perder de vista que o comércio exterior é o pulmão pelo qual se respira o avanço tecnológico. Se mal administrado, esse comércio pode levar a economia a uma paralisia progressiva" (Furtado, 1999b: 38).

assegurar os meios do desenvolvimento, isto é, continuados incrementos de produtividade – ampliando o excedente social e, assim, o horizonte de opções – e as bases técnicas de um sistema industrial relativamente orgânico e eficiente.[3] Da forma como coloca Furtado, é muito mais um problema de enfrentamento do que ruptura propriamente dita com o sistema capitalista mundial.

Se, por um lado, não há como evitar a inserção nesse processo, buscando alguma forma de isolamento, por outro lado tampouco é adequado integrar-se de forma passiva, como pregam os apologistas da globalização, deixando-se levar pelos movimentos desestabilizadores do capitalismo mundial.[4] Eis o

---

3 A primeira condição do desenvolvimento é a homogeneização social, com a modificação do padrão distributivo e a socialização dos ganhos de produtividade. Mas não basta. De acordo com Furtado, o verdadeiro desenvolvimento "pressupõe a existência do que os economistas costumam chamar de 'motor', ou seja, um centro dinâmico capaz de impulsionar o conjunto do sistema. Vale dizer: não existe desenvolvimento sem acumulação e avanço técnico. Seu impulso dinâmico vem da harmonia interna do sistema produtivo em seu conjunto, o que só se torna possível com a industrialização. O problema crucial é definir o tipo de industrialização capaz de gerar o verdadeiro desenvolvimento" (Furtado, 2004: 485). Cf. Furtado, 1982, cap. II, e 1992: 52.

4 Tal é a crítica de Furtado à hipótese da diluição das economias nacionais sob o livre jogo das forças do mercado que representaria a dita globalização, na concepção apologética: "O erro maior cometido na época da transnacionalização a toda brida esteve em imaginar que existe uma racionalidade imanente à economia internacional, à qual deveriam subordinar-se as atividades econômicas realizadas dentro de cada país. A hipótese era que a transnacionalização outra coisa não seria senão o processo formativo de um novo sistema econômico de dimensão planetária, cuja lógica viria a prevalecer inexoravelmente sobre as economias nacionais. Opor-se a esse processo seria pretender frear o 'progresso'" (Furtado, 1984: 101-102). Na ausência do poder político, predomina a anarquia dos mercados. Para sua crítica à doutrina monetarista, ver Furtado (1982), cap. VI.

impasse. Para Furtado, a saída estaria não mais na busca pelo modelo clássico de desenvolvimento capitalista nacional, mas na reconquista da criatividade ao nível dos fins, à reafirmação da racionalidade substantiva, de maneira a subordinar os processos de mercantilização aos valores definidos coletivamente. Por outras palavras, a conclusão a que Furtado chega é que as possibilidades para o desenvolvimento capitalista nacional tornaram-se virtualmente nulas, sendo necessário buscar um tipo de desenvolvimento endógeno que seja conciliável com o imperativo tecnológico da globalização. O desenvolvimento endógeno é a capacidade de determinar autonomamente os próprios fins, mas já não pressupõe o pleno controle dos meios.

Para os países da periferia, o problema agora se resume às relações assimétricas de dominação e dependência, com potencial para transmutarem-se em relações de interdependência. Assim, de forma genérica, o acesso às técnicas modernas poderia perder seu caráter nocivo para as atualmente sociedades dependentes. No entender de Furtado: "De uma maneira imediata, trata-se de criar vínculos de autêntica interdependência, sem dispor de autonomia tecnológica; de tentar modificar a orientação da tecnologia sem ter o controle desta" (Furtado, 1978: 124). Isto é: "Reunir outros recursos de poder para neutralizar ainda que parcialmente o peso da dependência tecnológica: eis a essência do esforço que realizam os países periféricos para avançar pela via do *desenvolvimento*" (Furtado, 1978: 123). De qualquer maneira, esse esforço da parte das sociedades dependentes seria inútil se prescindisse da cooperação internacional e não pudesse contar com o amparo de uma nova instância política de nível supranacional, capaz de regular a acumulação capitalista.

DEPENDÊNCIA E SUBDESENVOLVIMENTO

Assim, no âmbito internacional, ainda está por ser construída a superestrutura política que será capaz de coordenar o funcionamento da economia mundial, disciplinando a atuação das corporações transnacionais e dos fluxos de capital e liquidez internacional. Segundo Furtado, "prosseguir pelo caminho da internacionalização das economias significa aceitar a instituição de centros de decisão com poderes para tutelar o conjunto do sistema capitalista", ou seja, "a criação de autênticas instâncias de decisão supranacionais" (Furtado, 1981: 108), sem as quais a economia mundial não terá como sair do impasse em que se encontra.[5] A frente a ser confrontada com mais urgência é a do sistema financeiro internacional, foco de irradiação das ondas de instabilidade no capitalismo contemporâneo. A criação de liquidez internacional precisa ser disciplinada, não podendo constituir-se em privilégio de agentes privados ou de um único país, como no caso dos Estados Unidos. Igualmente importante é a regulação dos movimentos de capital, condição indispensável para um cenário mundial mais estável. Não é por outra razão que Furtado defende a constituição de uma "Autoridade Financeira Mundial".[6]

De certo modo, o que Furtado pretende é recompor a dialética do desenvolvimento nesse novo âmbito transnacional da atividade econômica, substituindo a luta de classes pela confrontação entre empresas transnacionais e coalizões de países periféricos, e apontando para a conformação de

---

5   Para a discussão sobre o descompasso entre sistema econômico mundial em formação e retardo na constituição de uma superestrutura política nesse âmbito, ver o item "O descompasso entre sistema econômico mundial em formação e sua superestrutura política", do capítulo anterior deste trabalho.

6   Ver Furtado (1999b: 25-26). Cf. Furtado (1984: 100-101).

uma superestrutura tutelar internacional, da mesma forma que, no âmbito das economias nacionais, os antagonismos de classe teriam de ser "resolvidos" nos marcos do Estado nacional.[7] Assim, ao sistema econômico mundial se sobreporia uma superestrutura política de mesma envergadura, capacitada a disciplinar a ação do capital e a socializar as benesses da civilização industrial, recuperando o dinamismo capitalista na economia mundial.

Para Furtado, a solução ao impasse histórico do subdesenvolvimento, na etapa atual do capitalismo, não pode mais ser exclusivamente nacional. É certo que ainda pressupõe, necessariamente, o marco nacional,[8] pois somente o Estado nacional é capaz de corporificar a vontade coletiva (em suas especificidades) e mediar as transformações irradiadas desde o centro do sistema.[9] É, portanto, condição necessária, mas não mais suficiente. Nunca foi tão premente a necessidade de afirmação do Estado nacional, como instrumento de transformação do padrão de desenvolvimento vigente, linha de evolução obrigatória para as sociedades dependentes que procurem superar o subdesenvolvimento. Porém, alerta Furtado, "seria grave erro ignorar que essa evolução pode ser frustrada pela ação de forças externas, tanto mais que as empresas transnacionais são as principais beneficiárias da continuidade das tendências atuais" (Furtado, 1976: 123).

---

7   Cf. Furtado (1978: 30). Mallorquin (2005: 283-284), destaca esse mesmo ponto.

8   Ver, por exemplo, Furtado (1984: 101-103).

9   É como parecia estar ocorrendo nos Estados centrais (democracias capitalistas), na idealização de Furtado, face às maiores exigências impostas pela globalização do capital e por preservar-se o Estado enquanto instituição política legítima. Cf. Furtado (1976: 105).

DEPENDÊNCIA E SUBDESENVOLVIMENTO

A efetiva eliminação do subdesenvolvimento passa a depender de uma instância supranacional, de uma cooperação entre nações, que discipline, sobretudo, os deslocamentos e a atividade especulativa do capital financeiro e a criação internacional de liquidez, e que dê expressão política à interdependência entre as nações, rompendo com os privilégios das grandes potências e de suas grandes empresas. Daí a advertência: "Não se trata de coarctar a individualidade dos países nem de levá-los a abdicar da defesa efetiva de seus interesses, e sim de criar instâncias intermediárias que permitam colocar problemas e definir objetivos comuns a certas áreas ou certas especializações" (Furtado, 1976: 119).

Fosse conforme afinidades de interesses, de acordo com o tipo de estruturas produtivas e atividade exportadora, ou com base em complementaridades ou proximidade geográfica, em grupamentos regionais e sub-regionais, os Estados nacionais deveriam descobrir ou criar vínculos de solidariedade que lhes permitam legitimar politicamente, na esfera transnacional, suas necessidades particulares. Somente a cooperação internacional pode assegurar a concentração de uma massa crítica de recursos estratégicos – colocando em suas mãos o controle de determinados mercados internacionais – que permita aos países periféricos lançarem-se na confrontação política mundial. O objetivo central é a redefinição das relações econômicas internacionais em benefício da periferia, e a submissão das mesmas ao crivo de uma nova institucionalidade supranacional legitimada por aqueles vínculos de solidariedade.[10]

---

10 A propósito, ver Furtado (1980), cap. XII.

Aquelas duas condições – reafirmação do Estado nacional e constituição de uma superestrutura política mundial – amparando-se mutuamente, representariam um novo marco institucional dentro do qual seria possível encaminhar a superação do subdesenvolvimento, da posição dependente e subordinada das economias periféricas e da "exploração de um povo por outro" (Furtado, 1976: 120). À necessidade de conjurar a vontade política interna a cada sociedade dependente, soma-se doravante a necessidade de mobilizar uma vontade coletiva internacional e a solidariedade entre os países periféricos, que impeça tanto o avanço da anarquia do regime do capital quanto uma saída imperial para a crise sistêmica.

> O que se espera de uma nova ordem econômica mundial é que ela crie condições para que os povos exerçam as suas opções sem pressões descabidas externas e encontrem apoio exterior toda vez que o esforço de reconstrução social repercuta negativamente no plano econômico a curto e médio prazos (Furtado, 1976: 123).

De acordo com Furtado, o próprio processo de transnacionalização estaria criando condições para que venha a surgir tal institucionalidade supranacional, a partir da confrontação entre Estados nacionais e empresas transnacionais. Nas economias centrais, os elevados custos sociais que aquele processo vem impondo se fariam cada vez mais insuportáveis, impelindo seus Estados, sob as crescentes pressões da sociedade, a atuar no sentido de pôr limites à atuação daquelas empresas. Formas de integração regional também poderiam entrar no horizonte de opções, mas ainda assim haveria o problema de como coordenar politicamente esses blocos, como no caso da União Europeia.

Na periferia capitalista, a tomada de consciência do papel estratégico de seus principais recursos – mão de obra barata e abundância de recursos naturais – faria com que os países subdesenvolvidos adotassem posturas mais combativas. Nos primórdios do processo de transnacionalização, dera-se a descolonização, o que veio a possibilitar a ascensão de tecno-burocracias com pretensões de disputar o excedente às empresas transnacionais,[11] ao mesmo tempo em que a própria dinâmica daquele processo aumentava a dependência de tais firmas em relação aos recursos periféricos. A confluência desses dois eventos estaria colaborando para aquela tomada de consciência e algumas ações incipientes (tal como foi a Opep – Organização dos Países Exportadores de Petróleo).

Na medida em que tais países se articulassem em coalizões, em função de interesses comuns, a soma de seus recursos de poder criaria condições para que se alterasse a composição de forças no cenário internacional, tornando-se mais propícia para que as sociedades periféricas impusessem certas condicionalidades à operação das empresas transnacionais – e, de modo geral, do capital financeiro internacional – em seus territórios. O objetivo último seria transformar a dependência em interdependência.

Enfim, estaria se configurando um embate entre países (ou coalizões de países) e o capital transnacionalizado, do qual

---

11 Sobre a formação das tecnoburocracias e sua progressiva identificação com os "interesses nacionais" (no contexto vigente até meados dos anos 1970), ver Furtado (1974: 61 e ss). Ver ainda Furtado (1976: 105 e ss).

poderia emergir um certo equilíbrio de forças e o tão necessário marco institucional internacional. Tudo ficaria a depender da mobilização de uma vontade política que pudesse dar expressão aos valores da sociedade e que fosse suficiente para mudar o jogo de forças em âmbito mundial, assim podendo minar a supremacia da lógica mercantil da sociedade burguesa.

Essa proposta de reforma da ordem econômica internacional, que Furtado defende sobretudo na década de 1970 e princípios dos anos 1980, não estava isenta de obstáculos, como ele mesmo fez questão de ressaltar. Portanto, cabe chamar a atenção para o fato de que Furtado tinha plena consciência dos perigosos limites que o próprio desenvolvimento capitalista estabelecia à concretização da solidariedade entre nações.[12] Para nossos propósitos, seguindo Furtado, importa destacar a existência mesma de uma profunda assimetria entre os recursos de poder com que estão dotadas as economias centrais – sedes das grandes corporações produtivas e financeiras – e as economias periféricas. De um lado, o monopólio do progresso técnico e dos recursos financeiros[13] – as próprias bases da relação assimétrica da estrutura centro-periferia,

---

12 As ressalvas às suas próprias proposições podem ser encontradas, principalmente, em Furtado (1974; 1976; 1978). É importante lembrar que esses possíveis limites para os quais Furtado chamava a atenção eram possibilidades em abstrato, dentro de seus marcos analíticos. Na prática, como ainda indicaremos, o imperialismo procurou avançar, em grande medida, pela linha de menor resistência – ou seja, pela recorrente tentativa de imposição de uma "ordem mundial" conveniente aos interesses de seu grande capital.

13 Com relação à importância do monopólio das finanças, mais propriamente da criação e mobilização de liquidez na esfera internacional, ver Furtado (1984: 101). Mais especificamente, a respeito do privilégio detido pelos Estados Unidos de criação de liquidez internacional, ver Furtado (1976: 122). Cf. Furtado (1999b: 9).

origens da fratura entre desenvolvimento e subdesenvolvimento e da globalização dos negócios.[14] Do outro lado, recursos naturais e excedente estrutural de mão de obra. Além disso, a heterogeneidade da periferia constitui um obstáculo, por si mesmo, a uma solução por coalizão – a propósito, heterogeneidade e desigualdade das quais as empresas transnacionais tiram proveito, ao mesmo tempo em que as intensificam, como apontado anteriormente. Tal qual as classes destituídas das sociedades dependentes, os próprios países periféricos ainda careciam do nível de consciência para essa ação política concertada, capaz de influir nos rumos da humanidade.[15] As economias centrais, por sua vez, já contam com grande capacidade de organização para defender seus interesses, cristalizados nos "organismos multilaterais", colocando outro limite a uma radical mudança na correlação de forças em nível mundial.[16] Enfim, tanto as potências capitalistas poderiam tomar a dianteira na organização de uma superestrutura política

---

14 Afirma Furtado: "Em razão das assimetrias que caracterizam as relações centro-periferia – umas economias controlam a tecnologia de vanguarda e têm a iniciativa da introdução de novos produtos, enquanto as outras se limitam a imitar as *correntes de progresso* –, as formas de viver e os valores que prevalecem nos países periféricos estão mais e mais sob o controle de empresas do centro. O estilo de desenvolvimento imposto às populações periféricas, baseado que é numa cesta de bens de crescente diversificação e sofisticação, acarreta a concentração da renda e dá origem a toda uma série de problemas sociais" (Furtado, 1976: 114).

15 Cf. Furtado (1987: 280).

16 Ver, a título de exemplo, o pessimismo que perpassa Furtado (1976: 113, 117), ante a capacidade das potências capitalistas de centralizar as decisões de âmbito mundial, e como partem para a ofensiva quando se veem ameaçadas em seus privilégios, assegurados pela ordem vigente. Furtado (1976: 123-124). Cf. Furtado (1999b: 25-26).

para o capitalismo mundial, desvirtuando toda sua "funcionalidade", tal como denuncia Furtado, quanto seria possível a imposição de uma ordem imperial pelo Estado imperialista hegemônico, como Furtado parece deixar implícito.[17]

Entretanto, mesmo supondo que a periferia conseguisse estabelecer alguma forma de cooperação e, assim, reter maior parte do excedente em alguma daquelas linhas de disputa, ainda estaria por se tocar no problema fundamental. Isto é, a condição de dependência, posta pela prioridade da modernização, que entrega o comando da orientação do processo de acumulação, de incorporação do progresso técnico, às grandes empresas estrangeiras. A soberania, atributo indispensável a qualquer projeto de desenvolvimento, ainda assim estaria por ser conquistada.

O impasse da crise estrutural do capitalismo dependente

No que se refere à superação do subdesenvolvimento, nas circunstâncias impostas pela transnacionalização do capital, Furtado segue pelas mesmas linhas. A saída tem que passar necessariamente pela integração nas correntes da civilização industrial, de maneira a se ter acesso à tecnologia moderna. O que deve ser negado é a situação de dependência externa e suas formas de expressão internas, que determinam a eleição da modernização dos padrões de consumo como princípio norteador dos processos econômicos no capitalismo dependente. Conforme vimos, para Furtado, "a luta contra a dependência está em avançar pela via das relações internacionais

---

17 Cf. Furtado (1987: 159 e 1999b: 25-26).

(e conseguir alterá-las qualitativamente) e não em recuar e isolar-se" (Furtado, 1978: 114). Isso porque, para a maioria das sociedades dependentes, "já não existe a possibilidade de escapar ao campo gravitacional da civilização industrial; portanto, é no quadro desta que se dará a luta contra a dependência" (*Ibidem*). E conclui: "Se admitimos que o isolamento não é solução, o objetivo estratégico passa a ser minimizar o custo da dependência e explorar todos os caminhos que conduzem à substituição desta pela interdependência" (*Ibidem*).

Para Furtado, existe uma diferença substantiva entre negação da modernização e rejeição das técnicas modernas (acesso ao progresso técnico). Não há, em princípio, contradição entre ruptura com a modernização dos padrões de consumo e preservação do acesso ao progresso técnico. Há de se distinguir entre a modernização, que está fundamentada em determinadas necessidades sociais das elites aculturadas da periferia, em descompasso com as possibilidades materiais do capitalismo dependente, e o progresso técnico em si mesmo, como fonte dos meios e da técnica que podem servir ao desenvolvimento. O caminho proposto é o da superação do processo de assimilação do progresso técnico que está na base da polarização desenvolvimento-subdesenvolvimento – um padrão antissocial de assimilação do progresso técnico que não encontra correspondência no nível de acumulação da economia. Trata-se de promover a adequação entre meios e fins, de finalidades ou necessidades sociais que sejam compatíveis com as possibilidades materiais da economia subdesenvolvida – o que implica na absoluta negação da modernização dos padrões de consumo. Necessita-se de uma assimilação criteriosa do progresso técnico – e, quase que por definição, com retardo em relação ao processo de transformação capitalista nas economias centrais. É aquela assimilação prioritária da diversificação ao nível dos bens de consumo – ao mesmo tempo em que a iniciativa técnica permanece monopolizada pelas empresas transnacionais – o estigma do subdesenvolvimento.[18]

É nesse sentido que Furtado define a endogeneidade como "a faculdade que possui uma comunidade humana de ordenar o processo acumulativo em função de prioridades por ela mesma definidas" (Furtado, 1984: 108). O desenvolvimento endógeno, portanto, diz respeito à capacidade de recorrer à tecnologia moderna sem renunciar à soberania na definição dos fins, sem recair na dependência e nas malformações sociais que ela perpetua. Os países de capitalismo dependente precisam mobilizar os meios para entrar em confrontação com as empresas transnacionais e as economias centrais, mas não implicando isso – e tampouco sendo desejável – um rompimento absoluto com as mesmas.[19]

---

18 Sobre o processo de assimilação desigual do progresso técnico e suas repercussões internas às economias subdesenvolvidas industrializadas, ver Furtado (1972: 7-15). Como lembra Furtado: "Na fase de industrialização, a característica fundamental das estruturas subdesenvolvidas está em que o nível tecnológico correspondente aos padrões de consumo, isto é, ao nível de *modernização*, restringe a difusão do progresso tecnológico, isto é, sua generalização ao conjunto das atividades produtivas. Desta forma, já não se trata – como ocorreu na fase dos aumentos de produtividade decorrentes de vantagens comparativas – de atraso tecnológico nas formas produtivas, relativamente ao nível de *modernização*. Na nova fase o progresso tecnológico penetra simultaneamente nas duas faixas. Mas quanto mais rápida a penetração, no que respeita à diversificação do consumo e introdução de novos produtos, mais lenta é a *difusão* no que concerne às formas produtivas" (Furtado, 1972: 11-12).

19 No caso brasileiro em particular, Furtado é categórico: "Como as possibilidades de crescimento do mercado interno são grandes, há espaço para uma

DEPENDÊNCIA E SUBDESENVOLVIMENTO

Romper com a modernização dos padrões de consumo significa poder definir os próprios fins e a eles subordinar a incorporação de tecnologia moderna, na medida em que tal assimilação não entre em contradição com a soberania e com aqueles fins socialmente fundamentados. Não se trata de algo trivial, posto que exige uma profunda mudança na cultura, constituindo-se as bases culturais para um projeto nacional. Em outras palavras, é preciso incorporar as técnicas modernas, mas seletiva e criteriosamente, em conformidade com as prioridades sociais previamente estabelecidas e de modo a permitir a adequação entre necessidades sociais e possibilidades materiais, fornecendo as bases técnicas do desenvolvimento. Tais esforços não podem se dissociar da promoção de reformas das estruturas sociais e institucionais ditas anacrônicas, de modo a constituir as bases sociais do mercado interno pela integração social. Atualmente, são as grandes empresas que controlam os meios (a técnica) e subvertem os fins (os valores) do desenvolvimento, graças ao controle e centralização da atividade de inovação e das finanças, e à sua capacidade de influenciar os padrões de comportamento e ditar as formas de consumo. Cabe reverter essa situação. No plano das relações externas, a contrapartida deve ser o abandono da posição subordinada no novo sistema de divisão internacional do trabalho. A superação do subdesenvolvimento deve ser um longo processo de redefinição das bases sociais, culturais e técnicas da economia, que não pode transcorrer sem uma modificação qualitativa no modo de participação no sistema

---

colaboração positiva da tecnologia controlada por grupos estrangeiros" (Furtado, 2000: 5).

capitalista mundial.[20] Na concepção de Furtado, o que ainda falta é a vontade política para tanto.

No subdesenvolvimento, conforme a interpretação de Furtado, a acumulação capitalista, o crescimento econômico, não se traduz em desenvolvimento.[21] Se o processo de acumulação permanece sob o comando de empresas transnacionais, vetores do padrão de desenvolvimento que vimos discutindo, essa dessincronia entre crescimento e desenvolvimento tende a aumentar. Todo o dinamismo da economia ficaria subordinado à necessidade de gerar saldos comerciais que sirvam de cobertura ao capital especulativo e de financiamento do consumismo das elites locais, o que se enquadra na estratégia global do capital. Seria renunciar à existência do mercado

---

20 A propósito, remetemos a Bettelheim: "O acesso à independência econômica significa também uma modificação profunda nas relações monetárias, aduaneiras, financeiras e comerciais que ligam cada país dependente a tal potência ou a tal grupo de potências imperialistas". E prossegue: "Na verdade, o acesso à independência econômica não exclui a manutenção de relações comerciais com os diversos países imperialistas nem mesmo, eventualmente, a aceitação de créditos provenientes desses países, mas implica que as novas relações comerciais se desenvolvam de agora em diante em pé de igualdade, o que não é possível para um país economicamente fraco a não ser que tenha, inicialmente, desalojado o imperialismo das posições que este antes ocupava no interior da sua economia" (Bettelheim, 1965: 49-50).

21 Furtado esclarece que "o *crescimento econômico*, tal qual o conhecemos, vem se fundando na preservação dos privilégios das elites que satisfazem seu afã de modernização; já o *desenvolvimento* se caracteriza pelo seu projeto social subjacente" (Furtado, 2004: 484). "Graças à teoria do subdesenvolvimento, sabemos que a inserção inicial no processo de difusão do progresso tecnológico pelo lado da demanda de bens finais de consumo conduz a uma conformação estrutural que bloqueia a passagem do crescimento ao desenvolvimento" (Furtado, 1992: 47).

DEPENDÊNCIA E SUBDESENVOLVIMENTO

interno como base do processo acumulativo e de sustentação do sistema industrial, pelas razões antes apontadas.[22]

Segundo Furtado, frisamos novamente, é primordial que se restitua a operacionalidade dos centros internos de decisão, que o Estado tenha a capacidade de levar a cabo uma política econômica definida autonomamente. As instâncias nacionais ainda têm papel crucial a desempenhar, sobretudo em economias subdesenvolvidas de grandes dimensões e heterogêneas como é o Brasil, de maneira a proporcionar a mediação entre os movimentos do sistema capitalista mundial e o espaço econômico nacional, tendo em conta a prioridade de se atingir maior homogeneidade social. É como coloca Furtado:

> Mas isso não significa que já não haja espaço para o exercício de uma política nacional. Os desafios com que se confronta o Brasil são próprios de um país-continente marcado por grande heterogeneidade social mas com um sistema econômico ainda relativamente integrado em torno de um mercado interno de dimensão considerável e grande potencialidade de crescimento. A experiência tem demonstrado que o motor do crescimento de países de grandes dimensões tende a ser o mercado interno. Como para ter acesso à tecnologia moderna faz-se necessário abrir o mercado interno, o problema consiste em modular os esforços na busca desses dois objetivos até certo ponto

---

22 Como esclarece Furtado: "Se admitimos que nosso objetivo estratégico é conciliar uma taxa de crescimento econômico elevada com absorção do desemprego e desconcentração da renda, temos de reconhecer que a orientação dos investimentos não pode subordinar-se à racionalidade das empresas transnacionais" (Furtado, 2000: 6) – ainda que elas controlem as técnicas e dominem os setores dinâmicos da economia.

antagônicos. Assim, o papel do Estado tende a ser cada vez mais sofisticado em um país em construção como o nosso, num mundo em mutação como o contemporâneo (Furtado, 1998: 22-23).

Assim, tendo em vista que a globalização dos negócios é, em grande medida, um imperativo tecnológico do qual as economias periféricas não podem mais se evadir, Furtado propõe: "O horizonte tecnológico indica a direção do crescimento e abre um campo de opções. Cabe à política econômica definir seu balizamento" (Furtado, 1999b: 20).[23] Portanto, nesse sentido, não basta recuperar a capacidade de intervenção do Estado na economia. Dizia Furtado, no auge da crise da dívida:[24]

---

23 Vai de encontro a essa perspectiva a seguinte colocação de Maria da Conceição Tavares: "A difusão do progresso técnico e a inserção comercial dos países subdesenvolvidos estão sendo sujeitas a um esquema rapidamente mutável, comandado pelas estratégias de concorrência das filiais das grandes empresas internacionais, desde o pós-Segunda Guerra Mundial. Esta estratégia pode ser apoiada, recusada ou modificada pelos países subdesenvolvidos [...] por meio de políticas públicas nacionais. Isso vem em apoio do conceito originário de subdesenvolvimento de mestre Furtado e de sua proposta recorrente de um projeto nacional que permita realmente transformar por dentro o país por meio de estratégias nacionais de desenvolvimento" (Tavares: 2000: 134). Cf. Sampaio Jr. (1999: p. 94-95).

24 É elucidativo comparar a citação que se segue com esta, escrita por Furtado em 2004, no ano de sua morte: "Se continua a prevalecer o ponto de vista dos recessionistas – aqueles que colocam os interesses dos nossos credores acima de outras considerações na formulação da política econômica –, temos de nos preparar para um prolongado período de retrocesso econômico, que conduzirá ao desmantelamento de boa parte do que se construiu no passado. A experiência nos ensinou amplamente que, se não se atacam de frente os problemas fundamentais, o esforço de acumulação tende a reproduzir, agravado, o mau-desenvolvimento. Em contrapartida, se conseguirmos satisfazer essa condição básica que é a reconquista do direito

DEPENDÊNCIA E SUBDESENVOLVIMENTO

O que estou afirmando pode parecer sem relação com a realidade atual, em que o sistema de decisões encontra-se praticamente imobilizado, os responsáveis pela política econômica preocupados apenas com o tópico e o imediato. Mas isso não é verdade se se tem em conta que as duas ordens de problemas estão inter-relacionadas. Em primeiro lugar vêm as questões que concernem à retomada do controle da situação, a recuperação dos instrumentos da política. Mas logo em seguida situam-se os problemas relacionados com a orientação futura do desenvolvimento, particularmente com o papel que nesse desenvolvimento cabe ao processo de industrialização (Furtado, 1982: 60-61).

É imprescindível que, subjacente a essa retomada, haja a definição de um projeto nacional, fundado em ampla participação política das massas e em um esforço intelectual autônomo para pensar os problemas específicos do país.[25] Isso é fundamental para que se dê uma orientação adequada ao setor industrial, compatível com o desenvolvimento. Deverão ser pensadas formas de inserção na economia mundial que estejam condicionadas pela priorização do mercado interno como

---

de ter uma política de desenvolvimento, terá chegado a hora da verdade para todos nós" (Furtado, 2004: 484-485).

25 Segundo Furtado: "O esforço para superar o subdesenvolvimento constitui quadro distinto, dado que as importantes modificações estruturais requeridas não se fazem sem um projeto político esposado por amplos segmentos sociais. [...] De um lado, estão a pesquisa e a criação intelectual, sem os quais não existirão os ingredientes que permitem construir o projeto; de outro, estão as iniciativas surgidas na sociedade civil, condensando os recursos de poder necessários, pois a luta contra o subdesenvolvimento não se faz sem contrariar interesses e ferir preconceitos ideológicos" (Furtado, 1992: 57). Cf. Furtado (1999b: 36-37).

centro dinâmico da economia – ou, como coloca Furtado, enquanto "motor da economia".[26] Simultaneamente, deverão ser redefinidas as relações com as empresas transnacionais, de maneira tal que seja possível valer-se seletiva e criteriosamente de sua tecnologia de vanguarda sem contaminar-se com os valores que ela traz inscrita em si. O desafio se revela justamente no fato de que agora o parque industrial nacional não é mais que uma parte de um sistema produtivo transnacional, onde predominam as grandes empresas que detêm o controle da iniciativa técnica. O mercado interno aparece como elemento que pode contrarrestar as tendências centrífugas imprimidas pelo capital financeiro operando em escala global, proporcionando certa coesão à economia nacional, em especial nos países de maiores dimensões e populações. Se a sociedade não tiver o mínimo controle sobre o padrão de desenvolvimento (bases técnicas e produtivas), se não puder levar adiante a superação dos anacronismos sociais que bloqueiam a socialização do excedente (bases sociais), e se não puder contar com os instrumentos e autonomia monetária e fiscal – isto é, controle sobre a moeda e base fiscal adequada – que permitam redistribuir a renda e financiar o processo de desenvolvimento (bases monetárias, financeiras e fiscais), ficará entregue às forças desagregadoras do grande capital.

No entender de Furtado: "Não se trata de restringir arbitrariamente a ação das empresas transnacionais, e sim de orientá-las no sentido de dar prioridade ao mercado nacional e à criação de empregos" (Furtado, 1999b: 37). Ou seja, essa ação pressupõe a capacidade da sociedade nacional de definir

---

26 Cf. Furtado (1999b: 39). Ver ainda Furtado (1992: 32).

seus próprios fins, de reconhecer valores próprios à sua cultura, à coletividade. Esse é o sentido do desenvolvimento endógeno. Em suma, trata-se de superar a lógica da modernização dos padrões de consumo, que beneficia as elites locais e o capital internacional.

Essas ações, além de requisitarem a mobilização de uma vontade política interna, não podem dispensar a busca de colaboração com outros países (e na ativação de seus potenciais recursos de poder, eminentemente os recursos naturais e as reservas de mão de obra), como já notamos. A cooperação internacional é imprescindível, seja para que os países apoiem-se mutuamente na construção de um espaço econômico plurinacional, seja para reivindicarem a transformação das relações econômicas internacionais em prol das massas despossuídas da periferia do capitalismo e a criação dos marcos institucionais supranacionais que deverão zelar pelo cumprimento daquele objetivo. Resume Furtado:

> Os impasses a que nos referimos estão levando os países capitalistas avançados a buscar formas de cooperação, das quais emergirá uma nova estrutura de poder. Os países do Terceiro Mundo terão de responder com uma ou outra forma de organização política, se pretendem preservar os avanços já obtidos na luta contra a dependência. Dessa dialética surgirá o embrião da estrutura de poder que finalmente disciplinará o processo de interdependência a que estão condenados todos os povos, como condição de sobrevivência (Furtado, 1981: 114).

Enfim:

> Em um mundo em que o processo de desenvolvimento se vem realizando de forma extremamente desigual, excluída a hipótese de efetiva dominação política, somente o marco nacional, e em certos casos o regional, poderá servir de base para definir critérios valorativos. Assim, a articulação em nível nacional continuará a desempenhar papel fundamental, e as relações entre sistemas econômicos nacionais continuarão a colocar-se como problemas de estratégia, isto é, abrindo opções a cada uma das partes. A persistência dos centros nacionais de decisão como marco básico para definição dos critérios valorativos não impede que prossiga a tendência à constituição de subsistemas regionais, que permitam conjugar esforços para solução dos problemas comuns, particularmente nos planos tecnológico e financeiro e na definição da estratégia a seguir nos mercados internacionais (Furtado, 2003: 74).

Daí que a integração regional consista em outro elemento a se ter em conta em qualquer plano de desenvolvimento. A integração regional permite explorar complementaridades entre as estruturas produtivas das diferentes economias, assim como superar a estreiteza dos respectivos mercados nacionais. Dessa maneira, seria possível dar vazão às economias de escala, aumentando a eficiência dos investimentos, superando as limitações técnicas e econômicas inerentes ao padrão de industrialização na periferia, liderado pelas empresas transnacionais.[27]

---

27 A respeito da integração nacional e suas dificuldades, ver Furtado (1967), cap. 23. Ver ainda Furtado (2003: 83). Cf. Furtado (1978: 118-119).

DEPENDÊNCIA E SUBDESENVOLVIMENTO

As formas históricas de tentativas de superação do subdesenvolvimento, elencadas por Furtado, atestam a dimensão desse desafio e o repertório de dificuldades que se interpõe no caminho de transição da condição de subdesenvolvimento ao desenvolvimento, de economias coloniais em transição a economias nacionais de fato.[28] O que caberia reter dessas experiências é, em primeiro lugar, que a homogeneização social não é condição suficiente para o desenvolvimento, necessitando que se leve adiante o processo de industrialização, de modo a dotar a economia de um parque industrial eficiente, nos termos que já apontamos. E, em segundo lugar, a necessidade de um maior grau de autonomia externa, para além das vantagens comparativas estáticas, garantindo capacidade para importar e exposição à concorrência internacional – indispensáveis para preservar a eficácia do sistema produtivo. Furtado apenas alerta para os critérios que devem pautar essa redefinição do modo de inserção no capitalismo mundial: "Os investimentos são orientados de forma a favorecer setores com uma capacidade competitiva externa potencial e que tenham ao mesmo tempo um efeito indutor interno. Desse modo operam como motor da formação do mercado interno" (Furtado, 1984: 122).

De todas as experiências concretas mencionadas por Furtado, resulta que a mais profunda dificuldade é romper os nexos internos e externos da situação de dependência – notadamente a modernização dos padrões de consumo, síntese daqueles nexos. A propósito, dificuldade que se revela ainda mais profunda perante os imperativos da mundialização do

---

28 Sobre essas experiências históricas e suas dificuldades, ver Furtado (1984: 118 e ss), e Furtado (1992: 48 e ss).

capital. O desafio é monumental e exige ações articuladas a se darem em diversas frentes.

Em suma, a saída do impasse histórico do subdesenvolvimento, no momento atual da evolução do capitalismo, requer ações em três frentes, a saber: a recuperação da ideia de projeto nacional, no qual se articulem e se desenvolvam os fins e valores coletivamente definidos, com o propósito de definir os critérios capazes de submeter a lógica abstrata do capital ao objetivo maior do desenvolvimento; a recuperação da operacionalidade dos centros internos de decisão, instrumentos indispensáveis para levar aquele projeto às vias de fato; a luta pela construção da superestrutura política internacional que cristalize uma nova correlação de forças, favorável à resolução dos mais prementes problemas da humanidade que se avolumam nos países da periferia do capitalismo, de modo a constranger a racionalidade mercantil das corporações internacionais, sem o que as ações nas duas frentes anteriores teriam pouco alcance, em termos de efetividade.[29]

O impasse histórico do subdesenvolvimento e os limites de sua crítica

Em síntese, a proposta de Furtado para o equacionamento da problemática do subdesenvolvimento passa pela

---

29 Furtado (1976) sistematiza uma agenda mínima para os países periféricos, que deve ter como alicerces os seguintes objetivos fundamentais: "modificar a dupla tendência à concentração de renda [...], proteger as personalidades nacionais com um perfil cultural próprio e assegurar que os frutos do trabalho sejam repartidos de forma cada vez mais equitativa entre os países que participam das atividades inter e transnacionais" (Furtado, 1976: 119). Para os pontos dessa agenda, ver Furtado (1976: 118-124).

DEPENDÊNCIA E SUBDESENVOLVIMENTO

reafirmação do marco nacional, por meio da definição dos interesses próprios que sirvam de bases a um projeto nacional, e pela reconfiguração da ordem internacional, que tenha como fundamento a interdependência, a partir de uma nova correlação de forças no âmbito mundial.[30]

Entretanto, as vias de superação do subdesenvolvimento não se apresentam sem percalços. As dificuldades identificadas por Furtado, além de se manifestarem com uma potência quase intransponível, estão inscritas em seu próprio pensamento acerca dos dilemas do capitalismo dependente. No fundo, o próprio Furtado fornece os elementos que permitem estabelecer as severas limitações de suas propostas de superação do subdesenvolvimento sob os parâmetros do capitalismo transnacionalizado. Trata-se de um impasse ao qual ele chega. Suas propostas não resistem à força de seu próprio diagnóstico da etapa atual, carecendo de possibilidades políticas e materiais. É nesse ponto que se evidencia a contradição entre o desenvolvimento enquanto tipo ideal e o movimento concreto do capital, que trata de solapar todas as premissas históricas que possibilitaram a existência do Estado de bem-estar – forma concreta assumida pelo desenvolvimento capitalista nacional, que Furtado toma como um protótipo ideal.

Na esfera internacional, emergem dificuldades de escala ainda maior. A transformação da ordem econômica internacional, por meio da mudança na correlação de forças propiciada pela ativação dos recursos de poder particulares da periferia capitalista, tinha suas possibilidades delimitadas por uma tendência fundamental vislumbrada por Furtado.

---

30 Como está sintetizado em Furtado (1978: 124). Cf. Furtado (1980: 160-161).

De acordo com ele, a economia mundial caminhava para a multipolaridade, rumo ao nascimento de uma nova ordem internacional em que a estrutura de poder se apresentaria mais difusa, a partir dos elementos que, em sua concepção, estavam postos pelo próprio processo de transnacionalização capitalista. Nesse sentido, em meados da década de 1970, o quadro que se apresentava era o de arrefecimento do poderio econômico dos Estados Unidos e crescente proeminência da Europa e do Japão, em um mundo ainda cindido entre o capitalismo e o sistema soviético,[31] e onde o processo de acumulação no capitalismo avançado apresentava crescente dependência em relação aos recursos não renováveis e à força de trabalho das economias dependentes. Não menos crucial parecia ser a incipiente articulação entre os países periféricos, em torno a interesses comuns e baseada naqueles recursos estratégicos – como parecia apontar a experiência pioneira da Opep[32] – face à ampliação do espaço de manobra que aqueles fatores pareciam propiciar.

Não obstante, aquela suposta tendência fundamental do capitalismo mundial foi sendo progressivamente negada na prática, conforme avançava o processo de transnacionalização, com todas suas correlatas transformações políticas e econômicas. A partir do final da década de 1990, o próprio Furtado parece admitir a derrota da proposta de reforma da

---

31 Cf. Furtado (1976), cap. III e p. 104 e ss.; Furtado (1980), cap. XII; e Furtado (1992), capítulos III e V.

32 Ver, por exemplo, Furtado (1974: 63 e ss, e 1980, cap. XII). Prova da influência do modo de atuação da Opep está em Furtado (1976: 115). Mas Furtado mesmo confessa o excessivo otimismo despertado por tal ação. Cf. Furtado (1976: 117).

DEPENDÊNCIA E SUBDESENVOLVIMENTO

ordem econômica internacional, diante do fato crucial de que frustrou-se a formação de uma ordem mundial multipolar.[33] Desde o final da década de 1970, o que se tem assistido é a mais desenfreada e desinibida imposição, aos países da periferia do sistema, de uma "ordem econômica" conveniente aos ditames do capital monopolista, do imperialismo estadunidense e de seus associados. Seja de forma dissimulada ou aberta, seja por meio do poder econômico-financeiro ou por meios militares, seja pela tutela efetiva ou pelo colonialismo cultural, os Estados Unidos procuraram manter a rédeas firmes o controle sobre o sistema imperialista e lançar ao resto do mundo o ônus de suas próprias contradições. Com o colapso do bloco soviético, parece ter-se aberto o espaço para a afirmação da mais completa hegemonia dos Estados Unidos. A delimitação espacial do capitalismo e o conflito ideológico com o bloco comunista eram condições fundamentais da tendência ao policentrismo, a uma superestrutura em que o poder se apresentaria menos concentrado. O colapso da União Soviética e do comunismo na Europa oriental permitiu a triunfal ascensão do capitalismo transnacional, como modo dominante de organização da economia mundial, e do neoliberalismo como sua ideologia, assim como a afirmação dos Estados Unidos enquanto incontestável potência hegemônica. Capitalismo e Estado imperialista hegemônico, ambos

---

33 Provavelmente, Furtado (1998) é sintomático a esse respeito, como parecem atestar trechos como o seguinte: "Tudo indica que prosseguirá o avanço das empresas transnacionais, graças à concentração do poder financeiro e aos acordos no âmbito da Organização Mundial do Comércio sobre patentes e controle da atividade intelectual, o que contribui para aumentar o fosso entre países desenvolvidos e subdesenvolvidos" (Furtado, 1998: 37).

com uma liberdade de atuação sem precedentes, passam a atropelar, sem os menores constrangimentos, os Estados nacionais e a autodeterminação que outrora se pregava.[34] Em certa medida, é o que o próprio Furtado reconhece:

> A surpreendente desarticulação do sistema de poder soviético teve um impacto nas relações internacionais que continua a deixar perplexos os mais argutos estudiosos da matéria. Decerto sabemos apenas que houve uma concentração de poder em benefício dos Estados Unidos, sem precedente por sua magnitude. A intensificação da carreira armamentista no plano tecnológico e a posição secundária a que foram relegadas as Nações Unidas indicam que os norte-americanos se preparam para assumir funções de liderança internacional efetiva neste início de século (Furtado, 2003: 27).

Por outro lado, o próprio desenvolvimento do capital financeiro, nas últimas décadas, atingindo novas formas de concentração e centralização sem precedentes, reitera e aprofunda uma divisão internacional do trabalho profundamente hierárquica. A mobilidade e o poder financeiro do capital monopolista lhe garantem acesso aos recursos imprescindíveis à persistência da acumulação, na medida em que sua relação com os Estados periféricos mais fracos é desmedidamente assimétrica, podendo pressionar cada um deles e jogá-los em concorrência uns com os outros, intensificando a espoliação da periferia como um todo. A heterogeneidade dentro da periferia do capitalismo revela aspectos

---

34 A respeito dessa nova fase do imperialismo, é possível ver Mészáros (2001).

DEPENDÊNCIA E SUBDESENVOLVIMENTO

dramáticos, em especial àquele grupo de países que sequer podem se inserir na economia mundial em transformação, ficando totalmente à margem, quase que redundantes na ordem imposta pela globalização do capital (ou aqueles que são brutalmente espoliados por essa ordem, em sobreposição às taras próprias do capitalismo periférico).[35] Se o capital financeiro, nas formas com que se reveste atualmente, tende a ignorar solenemente as fronteiras e regulações nacionais, o imperialismo não pode senão reagir com a mais profunda intransigência – e, no limite, violência – contra qualquer pretensão das sociedades dependentes à autodeterminação e a uma ordem econômica mais equilibrada.

No âmbito nacional, a prioridade é romper com a modernização dos padrões de consumo e conquistar a soberania, a capacidade de identificar os interesses e estabelecer os objetivos

---

35 É o que também sugere Furtado. Cf. Furtado (1987: 119-120). Chesnais denuncia com gravidade ainda maior esse processo de marginalização de continentes e subcontinentes pelo capital: "Durante vinte anos, assistimos a reaparição, nos países pobres, das piores calamidades, isto é a fome, doenças e pandemias devastadoras. Estas calamidades não são 'naturais', assim como não o são, nos países da OCDE, o aumento do desemprego, das precariedades e dos sem-teto. Elas atingem populações que são marginalizadas e excluídas do círculo de satisfação das necessidades básicas, portanto bases da civilização, em razão da sua incapacidade de transformar essas necessidades imediatas em demanda solvente, em demanda monetária. Logo, essa exclusão é de natureza econômica. [...] Ela é produto direto da destruição sob o efeito da desregulamentação e da liberalização dos câmbios, não simplesmente de empregos, mas de sistemas de produção inteiros que asseguravam a reprodução social de comunidades de camponeses, pescadores, artesãos. É neste contexto de marginalização, senão exclusão de tantos países do sistema mundial de trocas, que se coloca o aumento da fome, das pandemias e das guerras civis em inúmeras partes do mundo" (Chesnais, 2000: 23-24). Cf. Chesnais (1995: 16-17, e 2000: 12-13).

próprios, como fundamentos indispensáveis de qualquer projeto nacional ou plano de desenvolvimento. Contudo, como Furtado aponta, precisa-se da mobilização da vontade política nacional, da conjugação de forças políticas internas, de sólidas bases sociais contestadoras que possam pautar e sustentar aquele projeto. A dificuldade primordial, portanto, reside na identificação e na possibilidade de mobilização de tais forças políticas contestadoras. Em seguida, cabe indagar se o sujeito histórico da transformação, seja qual for, poderá dispor dos meios para levá-la às vias de fato. Colocando de outra maneira: quais as possibilidades concretas de uma ruptura com a modernização dos padrões de consumo e com os vínculos de dependência, nos marcos estabelecidos por Furtado?

Isso passa necessariamente pela recuperação da operacionalidade do Estado. Sem a instância nacional, não existem meios de submeter o capital internacional a uma disciplina que compatibilize sua atuação com a prioridade da formação do mercado interno. O problema é, de um lado, a situação de extrema debilidade em que se encontram os centros nacionais de decisão. Diante dos imperativos do capital monopolista transnacionalizado, o Estado dependente vê-se, em grande medida, alienado dos meios, dos recursos e da eficácia de sua intervenção. O desmonte do aparelho estatal e as privatizações privaram-no dos meios, a dívida pública compromete seus recursos e o capital financeiro – em seus movimentos de especulação e migração internacional – deteriora a eficácia dos instrumentos de política econômica.

De outro lado, está a não menos grave situação das forças sociais, em especial a classe trabalhadora. Essas forças se encontram praticamente imobilizadas nos marcos convencionais de conflito social e político (o Estado democrático burguês e o movimento sindical), e não mais apenas pelo atraso na formação e desenvolvimento da consciência de classe, mas notadamente pela subordinação perante as novas tendências organizativas e técnicas do capital. De fato, até mesmo Furtado compreende que todos esses problemas são não apenas postos pela transnacionalização do capital, mas agravados na mesma medida em que se aprofunda tal processo.

Além disso, esgotou-se o potencial reformista das "tecnoburocracias" e da intelectualidade alçada ao poder, em especial a partir da consolidação da ideologia neoliberal na América Latina.[36] Ora, eram justamente esses os grupos sociais em que Furtado depositava suas esperanças. Veja-se a verdadeira situação de colonialismo cultural a que estão submetidos os quadros dirigentes, o que Furtado reconhece explicitamente:

> Quiçá o aspecto mais negativo da tutela dos sistemas de produção na Periferia, pelas transnacionais, esteja na transformação dos quadros dirigentes em simples correias de transmissão de valores culturais gerados

---

36 "A ofensiva que visa a vacinar a nova geração contra todo pensamento social que não seja inspirado na lógica dos mercados – portanto, vazio de visão histórica – já convenceu a grande maioria da inocuidade de toda tentativa de resistência. Interrompida a construção de um sistema econômico nacional, o papel dos líderes atuais seria o de liquidatários do projeto de desenvolvimento que cimentou a unidade do país e nos abriu uma grande opção histórica" (Furtado, 1992: 9). "Em uma época em que os que detêm o poder estão seduzidos pela mais estreita lógica ditada por interesses de grupos privilegiados, falar de desenvolvimento como reencontro com o gênio criativo de nossa cultura pode parecer simples fuga na utopia" (Furtado, 2000: 5). Sobre a saga do neoliberalismo e seus efeitos avassaladores sobre o pensamento crítico, pode-se consultar Anderson (1995).

no exterior. O sistema dependente perde a faculdade de conceber os próprios fins (Furtado, 1978: 125).

Ademais, sempre pairou sobre essas sociedades a solidariedade entre as minorias dominantes e o imperialismo, beneficiando-se reciprocamente com a condição de dependência, o que está na própria base do padrão de acumulação do capitalismo industrial dependente.[37]

Em síntese, podemos retomar aquelas duas ordens de problemas que, no momento histórico atual, se sobrepõem, que são a crise sistêmica do capitalismo e a crise estrutural do capitalismo dependente, e apontar os severos entraves que trazem para a superação do subdesenvolvimento. Se o equacionamento do primeiro problema passa pela construção de uma superestrutura política internacional, temos que, de um lado, os conflitos de interesses entre países, e de outro lado, entre países e corporações transnacionais, representam sérias dificuldades à consecução daquele objetivo. As relações assimétricas e a heterogeneidade das partes envolvidas, tanto em um caso como no outro, não apontam para nenhuma conciliação permanente. A ofensiva do imperialismo estadunidense e do capital financeiro desarticulou a conjuntura do pós-guerra dentro da qual seria hipoteticamente realizável uma mudança na correlação de forças vigente em âmbito mundial. As relações de dominação e dependência, longe de terem se atenuado, continuam prendendo a periferia do capitalismo à dinâmica de acumulação do capital financeiro, em seu movimento cada vez mais contraditório.

---

37 Em Furtado, o melhor retrato dessa relação promíscua aparece em *Análise do "modelo" brasileiro* (Furtado, 1972).

DEPENDÊNCIA E SUBDESENVOLVIMENTO

Quanto ao segundo problema, o acesso dos países periféricos ao desenvolvimento, manifestam-se obstáculos internos de duas naturezas. De um lado, está a precariedade das condições subjetivas: patente dependência cultural e mental das classes dominantes, e ausência de forças sociais contestadoras em elevados patamares de consciência e organização. De outro lado, a precariedade das condições objetivas: dependência tecnológica e financeira, ante os recursos de poder monopolizados pelo grande capital internacional. Isto é, o projeto de Furtado não encontra, de imediato, nem o sujeito histórico e nem as condições materiais de sua realização.

Não obstante, Furtado mostra-se plenamente consciente dessas adversidades, que contrastam de modo tão nítido com seu ideal de desenvolvimento autônomo dentro do capitalismo. Ora, o movimento concreto do capital trata de negar as possibilidades reais de retomar esses rumos, outrora possíveis, em circunstâncias históricas muito diversas e singulares.[38] Enfim, o capital transnacionalizado, corporificado nas empresas transnacionais, controla os meios e subverte os fins do desenvolvimento periférico.[39] A contradição fundamental entre desenvolvimento nacional e transnacionalização do capital, reposta em escala sempre maior e convertida em antagonismo aberto e irreconciliável, indica uma notável mudança qualitativa na tarefa da superação do subdesenvolvimento – assim como na necessidade urgente de realizá-la na prática.

---

38 Cf. Sampaio Jr. (1999), cap. 2.

39 "Lo que caracteriza a esa nueva economía internacional es el control, por grupos ubicados en los subsistemas dominantes, de la difusión de nuevas técnicas; o sea, de nuevos productos y de nuevos procesos productivos" (Furtado, 1971: 346).

Com o correr dos acontecimentos, Furtado foi se mostrando cada vez mais cético quanto às possibilidades de uma nova ordem mundial que se enquadrasse em seus pressupostos. Não parece ser ao acaso que, em suas últimas obras, insista cada vez mais na reconstrução dos marcos nacionais, fundada no mercado interno e em um projeto nacional, tal como outrora – obras, a propósito, que reiteram a perplexidade daquele autor diante da evolução histórica, em que o espaço de manobra se mostra cada vez menor e sua utopia, irrealizável. Mas agora, mais do que nunca, essa reafirmação do Estado nacional, essa urgência de se retomar e concluir a construção da Nação, exige instâncias supranacionais mediadoras, que carecem de condições objetivas e subjetivas para sua consecução. Nesse sentido, frente ao impasse, Furtado fez o que ainda estava a seu alcance, ou seja, aprofunda sua crítica da própria civilização industrial, da prevalência da lógica abstrata do capital, em detrimento da racionalidade substantiva e da própria humanidade, que recoloca em um horizonte sempre mais próximo a barbárie e a ameaça de extinção. Tomando as suas palavras:

> Não podemos escapar à evidência de que a civilização iniciada pela Revolução Industrial aponta de forma inexorável para grandes calamidades. Ela concentra riqueza em benefício de uma minoria cujo estilo de vida requer um dispêndio crescente de recursos não renováveis e que somente se mantém porque a grande maioria da humanidade se submete a diversas formas de penúria, inclusive a fome (Furtado, 1998: 63-64).

> A ameaça de destruição termonuclear, primeiro, e a hecatombe ecológica que agora começa a configurar-se

DEPENDÊNCIA E SUBDESENVOLVIMENTO

não deixam aos povos escapatória para sobreviver fora da cooperação. E o caminho dessa cooperação passa pela mudança de rumo de uma civilização dominada pela lógica dos meios, em que a acumulação a tudo se sobrepõe (Furtado, 1998: 66).

Logo, ainda que viesse a se mostrar mais cético quanto a um mundo policêntrico, no horizonte imediato, Furtado não deixou de postular a necessidade de cooperação entre os povos. Afinal, em seu modo de ver, a única possibilidade de conter o avanço da barbárie e da anarquia postas pela prevalência da lógica do capital, é por meio da restituição da órbita política de ordenação da vida econômica, agora articulada em nível planetário. Se, por um lado, indica-se que "forças poderosas alimentam um processo de entrosamento entre os povos, fazendo da solidariedade um imperativo" (Furtado, 1998: 66), reconhece-se ainda que dessa mesma "solidariedade depende a própria sobrevivência de nossa civilização" (Furtado, 2002: 52). É, também, a única forma de os países periféricos mudarem as "regras do jogo" de maneira a "romper a tutela tecnológica e financeira" (Furtado, 1987: 142) à qual são submetidos e que responde pelas mazelas de seu subdesenvolvimento. Tratar-se-ia, na verdade, de redefinir a própria lógica da civilização atual, como condição indispensável à própria sobrevivência da humanidade, substituindo a lógica impessoal e destrutiva do capital pelo imperativo da solidariedade e pelos critérios políticos. Em suas palavras:

> O desafio que se coloca no umbral do século XXI é nada menos do que mudar o curso da civilização, deslocar o seu eixo da lógica dos meios a serviço da acumulação num curto horizonte de tempo para uma lógica

> dos fins em função do bem-estar social, do exercício da liberdade e da cooperação entre os povos. [...] A criatividade humana, hoje orientada de forma obsessiva para a inovação técnica a serviço da acumulação econômica e do poder militar, seria reorientada para a busca do bem-estar coletivo, concebido este como a realização das potencialidades dos indivíduos e das comunidades vivendo solidariamente (Furtado, 1998: 64-65).

Ao radicalizar sua crítica ao padrão de desenvolvimento vigente, em escala mundial, tomando como necessidade urgente a mudança de curso da própria civilização industrial, Furtado apontava para a crítica do próprio sistema do capital. À problemática do subdesenvolvimento se sobrepõe outra, acerca do próprio processo civilizatório sob o capitalismo. O processo de transnacionalização tornou real o risco de auto-aniquilação da civilização e mesmo de extinção da humanidade, a partir da degradação desenfreada do meio físico, das bases naturais de existência humana,[40] e da insanidade do militarismo, levada a extremos na era termonuclear. A subordinação da sociedade à lógica dos mercados explicita toda a irracionalidade da concorrência intercapitalista levada ao paroxismo. Como adverte Furtado: "É nas fases históricas em que as instituições aparecem corroídas e inadequadas que se impõem à criatividade humana as mais difíceis tarefas. Enquanto estas não forem cumpridas, estaremos vivendo na incerteza, sob

---

40 "Esse critério privatista na exploração dos recursos não renováveis influi poderosamente na orientação do progresso técnico, contribuindo mais que qualquer outro fator para transformar nossa civilização numa máquina infernal criadora de processos irreversíveis de degradação do mundo físico" (Furtado, 1976: 121).

DEPENDÊNCIA E SUBDESENVOLVIMENTO

ameaça de descambar para formas cada vez mais irracionais de confrontação internacional" (Furtado, 1984: 103).

A urgência de modificar o próprio padrão de desenvolvimento atual, que para os países da periferia do capitalismo se coloca como um imperativo, apenas revela as dimensões do desafio. Significa ter de passar por cima dos interesses e negócios das mais poderosas nações capitalistas, em particular dos Estados Unidos, dos gigantescos oligopólios mundiais e das classes dominantes e modernizantes da periferia – interesses que não raro se entrelaçam e se confundem, e tanto mais quando se está nos marcos do capitalismo transnacionalizado. A mudança na correlação de forças teria de ser brutal. É nesse ponto que para Furtado. A disparidade entre seu diagnóstico da crise sistêmica do capitalismo e os pressupostos práticos da superação do subdesenvolvimento colocam-no em um verdadeiro impasse. A possibilidade de recompor as premissas históricas do desenvolvimento capitalista ancorado no espaço econômico nacional transcende qualquer utopia. Furtado leva seus marcos analíticos ao extremo, ao propor uma dialética do desenvolvimento capitalista reconstituída em escala planetária. Mas, por isso mesmo, não avança na constatação de que o próprio regime do capital esgotou suas potencialidades progressivas – cuja face mais abjeta se revela no capitalismo dependente, no subdesenvolvimento.[41]

---

41 Aqui não é o lugar ou o momento para desenvolver a crítica dos limites do pensamento de Furtado. Nosso propósito é tão somente mostrar que esses limites existem, ou seja, que dentro de seus referenciais teóricos e suas categorias analíticas, Furtado chega a um impasse, em que não mais consegue apontar para uma solução viável para a problemática do subdesenvolvimento – dentro dos parâmetros estabelecidos pelo capitalismo transnacionali-

Para Furtado, o capitalismo pode ter um caráter inesgotavelmente progressivo, o que é a essência mesma de seu modelo clássico de desenvolvimento – a dialética do desenvolvimento capitalista. Daí que Furtado faça a defesa da concorrência intercapitalista como modo mais eficiente de organização da vida econômica, o que pressupõe a preservação da relativa autonomia das empresas e o fortalecimento da iniciativa privada – desde que os antagonismos sociais se resolvam em uma situação de equilíbrio de forças e de solidariedade de classes, com sua expressão máxima no Estado democrático capitalista. Logo, para Furtado:

> [O] capitalismo não tende a reproduzir-se tal qual ele é, e sim a modificar permanentemente suas estruturas em função de objetivos fundamentais ligados aos interesses da classe capitalista. Em outras palavras, a evolução do capitalismo não decorre de uma *necessidade histórica*, inelutável como uma lei natural; ela se realiza condicionada por decisões que são tomadas em função de valores definidos por grupos dominantes. Falar em tendência ao declínio da taxa de lucro, como algo virtual, vem a ser a mesma coisa que afirmar que, se os capitalistas não dispusessem da possibilidade de orientar o progresso tecnológico – introduzindo novos processos produtivos que modificam a eficiência dos recursos e a disponibilidade relativa de fatores –, de introduzir novos produtos e de condicionar os hábitos dos consumidores, o sistema capitalista tenderia rapidamente a perder suas características atuais (Furtado, 1967: 192).

---

zado. Para uma crítica, que tomamos como base para boa parte do que se segue, consultar Sampaio Jr. (2008), parte 4.

DEPENDÊNCIA E SUBDESENVOLVIMENTO

É uma questão de vontade e criatividade de determinada sociedade humana converter as potencialidades virtuosas do capitalismo em realidade, dado que Furtado entende o processo histórico como o exercício daqueles atributos – vontade e criatividade – fundamentados em algum projeto social. O problema do capital se resume à racionalidade instrumental, que pode e deve ser alijada de sua posição dominante na sociedade burguesa e recolocada sobre as bases da racionalidade substantiva, dos valores e critérios orientados para as necessidades humanas mais elementares, conforme cada coletividade os defina.[42] Em última instância, tudo se resolve com vontade política e com a intervenção do Estado, ao qual cabe a tarefa de domar o capital e colocá-lo a serviço da Nação. É a partir dessa concepção idealista que Furtado desvincula a dialética do desenvolvimento de suas premissas históricas – assim como de suas contradições imanentes. Ele transforma o que correspondeu a um momento histórico específico e delimitado – o Estado de bem-estar e o regime de acumulação fordista – em tipo ideal ao qual a realidade deve se aproximar. Naturaliza-se o que é datado.[43]

---

42 Para a concepção de capitalismo em Furtado, ver Furtado (1976: 36-44, e 1980: 75-78). Sobre as potencialidades civilizatórias do capital, ver ainda Furtado (1980), cap. I.

43 Aqui convém citar Chesnais, acerca da especificidade do momento histórico da "era de ouro" do capitalismo: "Em decorrência da grande crise dos anos 30 e, principalmente, da crise revolucionária que marcou o fim da Segunda Guerra Mundial, as classes abastadas, altamente enfraquecidas, em todo lugar, com exceção dos Estados Unidos, haviam sido obrigadas a aceitar a ampla intervenção do Estado na economia, a conceder aos assalariados um conjunto importante de direitos, de garantias e de proteção, assim como tiveram que se submeter a numerosas limitações ou restrições a sua liberdade de ação e movimento" (Chesnais, 1995: 2).

Ademais, no entendimento de Furtado, o processo histórico – e o desenvolvimento capitalista em particular – carece de tendências e contradições inerentes, que apontam para determinadas direções. A História permanece em aberto, a ser escrita conforme a capacidade das sociedades mobilizarem forças e vontade política, criatividade e atividade intelectual. A História é resultante da articulação dos dois níveis de inovação – ou do exercício de dois tipos de racionalidade, seguindo sua influência weberiana – ao nível dos meios e ao nível dos fins. A racionalidade substantiva dita os valores, os objetivos últimos a que aspira determinada sociedade, enquanto a racionalidade instrumental (a inovação técnica, em particular), os meios de sua realização, concretamente expressos no excedente social, que amplia o horizonte de possibilidades.[44] É como enuncia Furtado: "O comportamento diacrônico das comunidades humanas, – que chamamos de História, comporta um elemento de intencionalidade que se traduz pelo exercício de opções" (Furtado, 1989a: 7).

As contradições do sistema do capital que vêm à tona com violência em sua etapa de transnacionalização são, para Furtado, contingências históricas contornáveis – ou exigências técnicas, constrangimentos técnicos – e de modo algum necessidades próprias do capitalismo. Somente tomando em conta esse seu ponto de vista é possível compreender, por um lado, a tentativa de transposição da dialética do desenvolvimento

---

44 Conforme Furtado: "Em síntese, a ciência do desenvolvimento preocupa-se com dois processos de criatividade. O primeiro diz respeito à *técnica*, ao empenho do homem de dotar-se de instrumentos, de aumentar sua capacidade de ação. O segundo refere-se à utilização última desses meios, aos *valores* que o homem adiciona ao seu patrimônio existencial" (Furtado, 1980: 107).

DEPENDÊNCIA E SUBDESENVOLVIMENTO

para a totalidade transnacional, e por outro lado, o impasse a que seu pensamento o leva, mais especificamente na problemática da superação do subdesenvolvimento. A realidade, o próprio movimento da acumulação de capital, trata de subverter seu ideal, de remover cada um dos pressupostos e possibilidades de seu modelo de desenvolvimento.

Assim, é como se a visão de Furtado desembocasse em uma situação tal em que as sociedades dependentes, estando sujeitas aos movimentos desestabilizadores e desestruturantes do capital transnacionalizado, assistissem inertes, impotentes, à progressiva decomposição das bases de um desenvolvimento nacional, de uma economia nacional autodeterminada, de uma nação plenamente constituída e integrada, na ausência de forças produtivas e forças políticas adequadas. Por mais que tenha radicalizado sua crítica, Furtado não ultrapassa as fronteiras que seus próprios marcos teóricos lhe impuseram. Ele não transita para a necessidade de superação do próprio capitalismo, e tampouco desenvolve a hipótese de que as dificuldades que se impõem com cada vez mais força à superação do subdesenvolvimento estejam umbilicalmente vinculadas, de um lado, ao próprio desenvolvimento do sistema capitalista, e de outro lado, e principalmente, ao fato de que o subdesenvolvimento é fenômeno típico e indispensável ao capitalismo mundial, contrapartida do imperialismo. É como, a certa altura, sugeriu:

> Em conclusão: o subdesenvolvimento deve ser entendido como um processo, vale dizer, como um conjunto de forças em interação e capazes de reproduzir-se no tempo. Por seu intermédio, o capitalismo tem conseguido difundir-se em amplas áreas do mundo sem comprometer

as estruturas sociais preexistentes nessas áreas. O seu papel na construção do presente sistema capitalista mundial tem sido fundamental e seu dinamismo continua considerável: novas formas de economias subdesenvolvidas plenamente industrializadas e/ou orientadas para a exportação de manufaturas estão apenas emergindo. É mesmo possível que ele seja inerente ao sistema capitalista; isto é, que não possa haver capitalismo sem as relações assimétricas entre subsistemas econômicos e as formas de exploração social que estão na base do subdesenvolvimento. Mas não temos a pretensão de poder demonstrar esta última hipótese (Furtado, 1974: 94).

A crise sistêmica do capitalismo e a crise estrutural do capitalismo dependente, tais como percebidas por Furtado, levaram seu modelo de desenvolvimento nacional aos limites de suas possibilidades. Esse impasse a que chega Furtado denuncia, senão o esgotamento das potencialidades progressistas do capital, a imensa dificuldade de restabelecer os constrangimentos sociais que outrora delimitavam a acumulação capitalista. Essa dificuldade se mostra cada vez maior quanto mais se intensifique a contradição entre o processo de internacionalização do capital e os marcos nacionais de dominação burguesa.[45] Especialmente no que toca ao capita-

---

45 É como aponta Furtado: "A verdade é que os grandes países capitalistas não estão preparados para essa mudança qualitativa, que significa a criação de autênticas instâncias de decisão supranacionais. A internacionalização das economias avançou demasiado para que se possa considerar como uma opção política o retorno às semiautarquias industriais do passado; não existe consenso em nenhum dos grandes países capitalistas industrializados para levar às suas últimas consequências o processo de internacionalização" (Furtado, 1981: 108). A propósito dessa contradição, ver Bukharin (1917).

lismo dependente, justamente porque carece, no essencial, desses marcos, que sequer logrou completar a formação de um Estado nacional, e cujas bases materiais – a industrialização – se veem ameaçadas de desagregação e reversão por aquele mesmo processo.[46]

São mais do que pertinentes as indagações de Furtado: "Mas, sem o Estado, o que fica? O mercado. E qual é a lei do mercado? É a lei do mais forte, a dos mais poderosos, a do grande capital" (Furtado, 1999b: 89). O capital transnacionalizado, pelos seus próprios atributos mais essenciais – seletividade, liberdade e mobilidade – só pode, em seu movimento de valorização, produzir e reproduzir desigualdade e instabilidade em escala planetária. Sob sua égide, generalizam-se as mais perversas formas de segregação social e de destruição de forças produtivas – que se expressam concretamente com os maiores custos humanos para os povos da periferia do capitalismo. É a própria civilização que está em xeque – mas é nos elos fracos do sistema que o avanço da barbárie e da anarquia econômica impõe com mais urgência a saída do impasse.[47] Mais do que nunca, são apropriadas as palavras de Marx e Engels:

> As relações burguesas de produção e de troca, o regime burguês de propriedade, a sociedade burguesa moderna, que conjurou gigantescos meios de produção e de

---

46 Como lembra Chesnais, desde a década de 1970 "o capital tudo fez no sentido de romper as amarras das relações sociais, leis e regulamentações dentro das quais se achava possível prendê-lo com a ilusão de poder 'civilizá-lo'" (Chesnais, 1995: 2). Derrubou-se "a ilusão, nascida das conquistas anteriores, de que era possível domá-lo no âmbito dos modos de regulação nacionais" (*Ibidem*).

47 A propósito dos limites do capital e sua incontrolabilidade na etapa mais avançada do imperialismo, ver Mészáros (1995). Cf. Chesnais (2000: 11-13).

troca, assemelha-se ao feiticeiro que já não pode controlar as potências infernais que pôs em movimento com suas palavras mágicas (Marx & Engels, 1848: 26).

Ainda assim, o diagnóstico de Furtado acerca da etapa atual e de sua gravidade é de espantosa lucidez. Se essa lucidez não se desdobra em novas propostas concretas para a superação do subdesenvolvimento, que encontrem bases materiais, sociais e políticas para sua consecução, é justamente pelos limites autoimpostos pelas suas categorias de análise e pelo rigor e integridade com que as segue, enfim, pelo compromisso de Furtado com seu próprio pensamento e com aquilo que sempre o moveu – o desejo de construção da Nação.

A tarefa, em sua essência, ainda é a de desarticular as estruturas sociais anacrônicas – com suas formas de exploração ultraextorsivas – e os vínculos externos de subordinação, em seus nexos de mútua determinação. O desafio está em levá-la às vias de fato sob a égide do capitalismo transnacionalizado. Ou seja, agora trata-se de desmontar aquele padrão de acumulação em que se entrelaçaram os interesses do capital monopolista internacional e das burguesias dependentes, em detrimento da integração das populações periféricas nos padrões mais elevados de convivência social da civilização industrial. Que o próprio Furtado aponte as dificuldades dessa missão:

> A enorme concentração de poder que caracteriza o mundo contemporâneo – o poder que se manifesta sob a forma de super-Estados nacionais e ciclópicas empresas transnacionais, uns e outros apoiados em imensos recursos financeiros, no controle da técnica e da informação e em instrumentos de

intervenção aberta ou disfarçada de âmbito planetário – coloca a América Latina em posição de flagrante inferioridade, dado o atraso que acumularam as economias da região e as exíguas dimensões dos mercados nacionais. Dessa observação podemos inferir dois corolários. O primeiro é que o reencontro dos povos latino-americanos em um destino comum se imporá cada vez mais como ideia-força a todos aqueles que pretendam lutar contra o subdesenvolvimento e a dependência de nossos países. O segundo é que a ideia de reproduzir nesta parte do mundo a experiência de desenvolvimento econômico no quadro das instituições liberais, se configura cada vez mais como uma quimera para os observadores lúcidos de nosso processo histórico (Furtado, 1976: 136).

Considerações finais

Os homens fazem sua própria história, mas não a fazem como querem; não a fazem sob circunstâncias de sua escolha e sim sob aquelas com que se defrontam diretamente, legadas e transmitidas pelo passado.

Karl Marx, *O 18 Brumário de Luís Bonaparte* (1850).

A TRAJETÓRIA INTELECTUAL DE CELSO FURTADO está totalmente imbricada com os dilemas da formação nacional e do desenvolvimento capitalista na América Latina, particularmente no Brasil. Vimos como ele transita das promessas do nacional--desenvolvimentismo e do processo de industrialização por substituição de importações para uma crítica aos limites daquele processo, enquanto condicionado pela posição proeminente do capital estrangeiro e pelas estruturas sociais anacrônicas. A instauração da ditadura militar em 1964, ademais de ter representado duro golpe para os ideais de convivência democrática que Furtado apontava como fundamentais para o desenvolvimento, veio colocá-lo em contato com uma nova realidade. Ou seja, a de que o capitalismo poderia avançar a passos largos na periferia do sistema, a partir da associação entre as elites locais e o capital monopolista internacional.

Contudo, longe de sequer parodiar o desenvolvimento nacional que Furtado defendia, a modernização autoritária estabelecia os marcos para o retrocesso na formação nacional, na medida em que o padrão de acumulação que se instala combina dependência e subdesenvolvimento de forma jamais vista.

As burguesias dependentes, elegendo como norte do processo acumulativo a modernização dos padrões de consumo, fazem da situação de dependência um verdadeiro critério de eficiência, a necessária articulação com o capital internacional.[1] Por outro lado, ao amparar-se no ingresso das empresas transnacionais e em seu peculiar padrão tecnológico, em uma situação de atraso no nível de acumulação, as elites periféricas fazem da superexploração do trabalho uma outra condição para a continuidade do processo de acumulação e de modernização. Sob o capitalismo dependente, por mais dinâmico que ele se apresente, perpetuam-se padrões de dominação ultraextorsivos e ultrasegregacionistas, e a situação de dependência a partir da difusão desigual do progresso técnico. Essa dupla articulação decompõe as próprias bases de uma economia nacional autodeterminada – a integração social, plasmada na formação do mercado interno, e a industrialização.

Furtado sabia do retrocesso que o autoritarismo representava e, em especial, dos elevados custos sociais que aquele padrão de acumulação impusera. Nesse sentido, não poderia deixar de revigorar suas esperanças perante o processo de redemocratização. Porém, as mudanças no sistema capitalista mundial atropelaram impiedosamente as possibilidades de recompor a utopia do desenvolvimento capitalista nacional, conduzido por um Estado de bem-estar, amparado, por sua vez, em uma ampla solidariedade de classes. A crise da dívida levou o país à bancarrota, levando a uma prolongada instabilidade macroeconômica, à tutela do capital financeiro e ao progressivo desmonte do sistema industrial, sob os imperativos do capital transnacionalizado.

---

1   Cf. Furtado (1972: 14).

DEPENDÊNCIA E SUBDESENVOLVIMENTO

A partir da década de 1990, com a ofensiva neoliberal aterrissando na América Latina, o desmonte da Nação se converte em regra, ante mais uma violenta rodada de modernização. Impôs-se a diluição do sistema econômico nacional – do sistema produtivo e dos centros de decisão – na globalização do capital. A revolução tecnológica permanente e a liberdade e mobilidade sem precedentes do capital financeiro internacional colocam em xeque a própria categoria de sistema econômico nacional e lançam a periferia do capitalismo em uma nova dependência. A reversão que se instaura como tendência aponta para situações que, na essência, pouco diferirão das economias coloniais. A desilusão não poderia ser maior para Furtado, que luta, no plano intelectual, para redefinir os parâmetros do desenvolvimento na etapa do capitalismo transnacionalizado. A incapacidade de recompor as bases materiais, sociais e políticas do desenvolvimento nacional impede que Furtado aponte para o equacionamento da problemática do subdesenvolvimento. A acumulação capitalista na periferia, norteada pela modernização dos padrões de consumo, reitera seu caráter antissocial e antinacional, excluindo e destruindo as bases materiais de uma economia nacional.

Apontar os limites do pensamento de Furtado está longe de negar sua inestimável contribuição à compreensão do funcionamento das economias subdesenvolvidas. Pelo contrário, sua análise da problemática do subdesenvolvimento guarda uma profundidade incomparável, tendo articulado em um mesmo esquema analítico as dimensões econômicas e técnicas da industrialização periférica e suas relações com os padrões de mercantilização, de um lado, e os nexos de mútua determinação entre o padrão interno de dominação e o imperialismo,

231

do outro. O desafio que se propõe é superar aquelas mesmas limitações, lograr romper os marcos além dos quais Furtado não conseguiu transitar. A superação do subdesenvolvimento requer que se avance na crítica dos limites e dos próprios fundamentos do capitalismo dependente, em particular, e do próprio sistema do capital, em geral, em busca das bases sobre as quais se poderão erguer propostas concretas para um projeto nacional. Somente nessas condições será possível extrair toda a força e radicalidade que existe na obra de Furtado, recuperando-o e superando-o, ou seja, fazendo seu acerto de contas com o capitalismo transnacionalizado. Essa tarefa se desdobrará necessariamente na teoria e na prática. Partindo da própria contribuição de Celso Furtado, não há como ignorar alguns desses *possíveis desdobramentos*.[2]

No plano teórico, cabe destacar a contribuição fundamental de Furtado para a compreensão das articulações entre o sistema capitalista mundial, enquanto uma totalidade, e o capitalismo dependente, em suas especificidades. A partir dessas linhas, sempre tendo em conta a tentativa de ir além de Furtado na crítica dos limites do capitalismo dependente e

---

2 Chamamos a atenção para a ênfase nos *possíveis desdobramentos*, visto que decorrem tão somente de nossa leitura particular do pensamento de Celso Furtado e de seus limites, e que certamente exigirão elaborações mais bem acabadas em trabalhos posteriores. Nossa intenção aqui é apenas ressaltar a importância de se recuperar o debate sobre os limites do desenvolvimento capitalista na periferia e a contribuição crítica de autores – além do próprio Furtado – como Caio Prado Júnior, Florestan Fernandes e Ruy Mauro Marini, entre tantos outros. Em nosso modo de ver, isso implica ainda reconsiderar objetivamente o alcance e a possibilidade de uma alternativa socialista para a América Latina, em geral, e para o Brasil, em particular. Ver, a esse respeito, Boron (2007).

do desenvolvimento capitalista na periferia, propomos ainda a importância de se recuperar as teorias do imperialismo e da dependência. Somente por meio da apreensão daquelas articulações seria possível delimitar os marcos em que pode se dar a superação do subdesenvolvimento na periferia do capitalismo e o sentido que tal transformação estrutural deve assumir se levada às últimas consequências.

No âmbito da prática, diante da completa impossibilidade de cada sociedade dependente influenciar os processos irreversíveis e desestruturantes de transformação capitalista, que se irradiam a partir das economias centrais, tudo leva a crer que os passos mais imediatos para a superação do subdesenvolvimento deverão ser dados internamente. Nesse sentido, a única opção para os países periféricos é controlar a intensidade e o modo de participação na economia mundial a partir da reafirmação dos interesses do conjunto da população nacional. Dada a indisposição das classes dominantes, comprometidas com a modernização e a dependência, o processo de transformação social deverá contar com outras bases sociais, populares, com a participação entusiástica das massas. Somente a democracia real e a liberação da criatividade do povo poderão fundar um Estado nacional de fato, de corpo e alma comprometido com o desenvolvimento nacional. Nesse processo, a condição de dependência deverá ser intransigentemente negada, mediante a superação da modernização dos padrões de consumo como norte do processo acumulativo e das elites aculturadas que, aliadas ao capital financeiro, aferram-se ao padrão vigente. Nos marcos do padrão de dominação dessas "sociedades elitistas e predatórias" (Furtado, 1980: 161), inexistem condições objetivas e subjetivas para o desenvolvimento.

Em suma, já não deve parecer de todo despropositado propor que a superação do subdesenvolvimento – partindo da contribuição de Furtado, mas igualmente reconhecendo suas limitações – deverá tomar corpo no encadeamento de três revoluções: a revolução nacional, a revolução democrática e a revolução cultural. À medida que as relações capitalistas de produção e de dominação imperialista, na configuração particularmente adversa que assumem no subdesenvolvimento, coíbem a possibilidade de implementar as mudanças estruturais que se impõem com urgência, o processo revolucionário não pode senão almejar à ruptura com o regime capitalista, transitando para o socialismo. Ao que parece, fora de um tal processo revolucionário, o tempo conta contra a Nação. Pois, como Furtado vislumbrou, a única alternativa a enfrentar com realismo e determinação o desafio histórico da superação do subdesenvolvimento, na etapa do capitalismo transnacionalizado, é marchar seguramente e a passos rápidos para a barbárie e a extinção.

Referências bibliográficas

AKYÜZ, Yilmaz (2005). "Impasses do desenvolvimento". In: *Novos Estudos*, n. 72, p. 41-56, jul. 2005.

ANDERSON, Perry (1995). "Balanço do neoliberalismo". In: SADER, Emir & GENTILI, Pablo (orgs.). *Pós-neoliberalismo: as políticas sociais e o Estado democrático.* 5ª ed. Rio de Janeiro: Paz e Terra, 2000.

BETTELHEIM, Charles (1965). *Planificação e crescimento acelerado.* Rio de Janeiro: Zahar, 1968.

BIELSCHOWSKY, Ricardo (1991). "Ideologia e desenvolvimento: Brasil, 1930-1964". In: LOUREIRO, Maria Rita (org.). *50 anos de ciência econômica no Brasil: pensamento, instituições, depoimentos.* Petrópolis: Vozes, 1997.

BORON, Atilio (2007). "El mito del desarrollo capitalista nacional en la nueva coyuntura política de América Latina". Mimeo, 2007.

BRANDÃO, Carlos (2008). "O compromisso com a (n)ação em Celso Furtado: notas sobre seu sistema teórico-analítico". In: *Economia Ensaios*, v. 22, n. 2, p. 29-49, dez. 2008.

BUKHARIN, Nikolai Ivanovitch (1917). *A economia mundial e o imperialismo.* São Paulo: Abril Cultural, 1984.

CAMARGO, Caio Rafael Moura (2007). "Os dilemas do capitalismo dependente na visão de Ruy Mauro Marini". Mimeo, 2007.

CARDOSO, Fernando Henrique & FALETTO, Enzo (1969). *Dependência e desenvolvimento na América Latina: ensaio de interpretação sociológica.* 3ª ed. Rio de Janeiro: Zahar, 1975.

CHESNAIS, François (1995). "A globalização e o curso do capitalismo de fim-de-século". In: *Economia e Sociedade,* n. 5, p. 1-30, dez. 1995.

_____ (2000). "Mundialização: o capital financeiro no comando". In: *Revista Outubro,* n. 5, p. 7-28, 2001.

CRUZ, Paulo Roberto Davidoff Chagas (1980). *Ignácio Rangel, um pioneiro: o debate econômico no início dos anos sessenta.* Dissertação (mestrado) – Universidade Estadual de Campinas, Instituto de Filosofia e Ciências Humanas. Campinas, 1980.

DEL ROIO, Marcos (2000). "A teoria da revolução brasileira: tentativa de particularização de uma revolução burguesa em processo". In: MORAES, João Quartim de & DEL ROIO, Marcos (orgs.). *História do marxismo no Brasil.* v. 4. Campinas: Ed. Unicamp, 2000.

DÓRIA, Carlos Alberto (1998). "O dual, o feudal e o etapismo na teoria da revolução brasileira". In: MORAES, João Quartim de (org.). *História do marxismo no Brasil.* v. 3. 2ª ed. Campinas: Ed. Unicamp, 2007.

FALETTO, Enzo (1998). "Los años 60 y el tema de la dependencia". In: *Estudos Avançados*, v. 12, n. 33, p. 109-117, ago. 1998.

FIORI, José Luís (2000). "A propósito de uma 'construção interrompida'". In: TAVARES, Maria da Conceição (org.). *Celso Furtado e o Brasil*. São Paulo: Fundação Perseu Abramo, 2000.

FURTADO, Celso (1959). *Formação econômica do Brasil*. 11ª ed. São Paulo: Companhia Editora Nacional, 1972.

_____ (1961). *Desenvolvimento e subdesenvolvimento*. 2ª ed. Rio de Janeiro: Fundo de Cultura, 1963.

_____ (1962). *A pré-revolução brasileira*. Rio de Janeiro: Fundo de Cultura, 1962.

_____ (1964). *Dialética do desenvolvimento*. Rio de Janeiro: Fundo de Cultura, 1964.

_____ (1966). *Subdesenvolvimento e estagnação na América Latina*. Rio de Janeiro: Civilização Brasileira, 1966.

_____ (1967). *Teoria e política do desenvolvimento econômico*. São Paulo: Abril Cultural, 1983.

_____ (1968). *Um projeto para o Brasil*. 5ª ed. Rio de Janeiro: Saga, 1969.

_____ (1971). "Dependencia externa y teoría económica". In: *El Trimestre Económico*, n. 150, p. 335-349, abr./jun. 1971.

_____ (1972). *Análise do "modelo" brasileiro*. Rio de Janeiro: Civilização Brasileira, 1972.

_____ (1973). *A hegemonia dos Estados Unidos e o subdesenvolvimento da América Latina.* 2ª ed. Rio de Janeiro: Civilização Brasileira, 1975.

_____ (1974). *O mito do desenvolvimento econômico.* Rio de Janeiro: Paz e Terra, 1974.

_____ (1976). *Prefácio a nova economia política.* Rio de Janeiro: Paz e Terra, 1976.

_____ (1978). *Criatividade e dependência na civilização industrial.* Rio de Janeiro: Paz e Terra, 1978.

_____ (1980). *Pequena introdução ao desenvolvimento: enfoque interdisciplinar.* 2ª ed. São Paulo: Nacional, 1981.

_____ (1981). *O Brasil pós-"milagre".* Rio de Janeiro: Paz e Terra, 1981.

_____ (1982). *A nova dependência: dívida externa e monetarismo.* Rio de Janeiro: Paz e Terra, 1982.

_____ (1983a). "A crise da economia capitalista". In: *Revista de Economia Política*, v. 3, n. 2, p. 5-13, abr./jun. 1983.

_____ (1983b). *Não à recessão e ao desemprego.* Rio de Janeiro: Paz e Terra, 1983.

_____ (1984). *Cultura e desenvolvimento em época de crise.* Rio de Janeiro: Paz e Terra, 1984.

_____ (1985). *A fantasia organizada.* Rio de Janeiro: Paz e Terra, 1985.

DEPENDÊNCIA E SUBDESENVOLVIMENTO

_____ (1987). *Transformação e crise na economia mundial.* Rio de Janeiro: Paz e Terra, 1987.

_____ (1988). "A crise econômica contemporânea". In: *Revista de Economia Política*, v. 8, n. 1, p. 5-13, jan./mar. 1988.

_____ (1989a). "Entre inconformismo e reformismo". In: *Revista de Economia Política*, v. 9, n. 4, p. 6-28, out./dez. 1989.

_____ (1989b). *A fantasia desfeita.* São Paulo: Paz e Terra, 1989.

_____ (1991). *Os ares do mundo.* 2ª ed. Rio de Janeiro: Paz e Terra, 1992.

_____ (1992). *Brasil: a construção interrompida.* 2ª ed. São Paulo: Paz e Terra, 1992.

_____ (1998). *O capitalismo global.* 7ª ed. São Paulo: Paz e Terra, 2007.

_____ (1999a). "Brasil: opções futuras". In: *Revista de Economia Contemporânea*, v. 3, n. 2, p. 9-15, jul./dez. 1999.

_____ (1999b). *O longo amanhecer: reflexões sobre a formação do Brasil.* 2ª ed. São Paulo: Paz e Terra, 1999.

_____ (2000). "Reflexões sobre a crise brasileira". In: *Revista de Economia Política*, v. 20, n. 4, p. 3-7, out./dez. 2000.

_____ (2002). *Em busca de novo modelo: reflexões sobre a crise contemporânea.* 2ª ed. São Paulo: Paz e Terra, 2002.

_____ (2003). *Raízes do subdesenvolvimento.* Rio de Janeiro: Civilização Brasileira, 2003.

_____ (2004). "Os desafios da nova geração". In: *Revista de Economia Política*, v. 24, n. 4, p. 483-486, out./dez. 2004.

GUIMARÃES, Juarez (2000). "A trajetória intelectual de Celso Furtado". In: TAVARES, Maria da Conceição (org.). *Celso Furtado e o Brasil*. São Paulo: Fundação Perseu Abramo, 2000.

IANNI, Octavio (1984). *O ciclo da revolução burguesa*. Petrópolis: Vozes, 1984.

LENIN, Vladimir Ilitch (1917). *O imperialismo: fase superior do capitalismo*. In: *Obras escolhidas*. T. 1. Moscovo: Progresso, 1977.

MAGDOFF, Harry (1969). *A era do imperialismo: a economia da política externa dos Estados Unidos*. São Paulo: Hucitec, 1978.

MALLORQUIN, Carlos (2005). *Celso Furtado: um retrato intelectual*. São Paulo: Xamã; Rio de Janeiro: Contraponto, 2005.

MARX, Karl & ENGELS, Friedrich (1848). "Manifesto do Partido Comunista". In: MARX, Karl & ENGELS, Friedrich. *Obras escolhidas*. V. 1. Rio de Janeiro: Vitória, 1961.

MELLO, João Manuel Cardoso de (1975). *O capitalismo tardio: contribuição à revisão crítica da formação e do desenvolvimento da economia brasileira*. 10ª ed. Campinas: Ed. Unicamp, 1998.

MÉSZÁROS, István (1995). *Para além do capital: rumo a uma teoria da transição*. Campinas: Editora da Unicamp; São Paulo: Boitempo, 2002.

_____ (2001). *O século XXI: socialismo ou barbárie?* São Paulo: Boitempo, 2003.

MORAES, João Quartim de (1998). "Concepções comunistas do Brasil democrático: esperanças e crispações (1944-1954)". In: MORAES, João Quartim de (org.). *História do marxismo no Brasil.* v. 3. 2ª ed. Campinas: Ed. Unicamp, 2007.

_____ (2000). "O programa nacional-democrático: fundamentos e permanência". In: MORAES, João Quartim de & DEL ROIO, Marcos (orgs.). *História do marxismo no Brasil.* v. 4. Campinas: Ed. Unicamp, 2000.

NABUCO, Maria Regina (2000). "Estado e projeto nacional nas obras iniciais de Celso Furtado". In: TAVARES, Maria da Conceição (org.). *Celso Furtado e o Brasil.* São Paulo: Fundação Perseu Abramo, 2000.

OLIVEIRA, Francisco de (2000). "Subdesenvolvimento: fênix ou extinção?". In: TAVARES, Maria da Conceição (org.). *Celso Furtado e o Brasil.* São Paulo: Fundação Perseu Abramo, 2000.

PALMA, Gabriel (1981). "Dependencia y desarrollo: una visión crítica". In: SEERS, Dudley (org.). *Teoria de la dependencia: una revaluación crítica.* México: Fondo de Cultura Económica, 1987.

PARTIDO COMUNISTA BRASILEIRO (1958). "Pelo desenvolvimento econômico capitalista no Brasil". In: LÖWY, Michael (org.). *O marxismo na América Latina: uma antologia de 1909 aos dias atuais.* 2ª ed. São Paulo: Fundação Perseu Abramo, 2006.

PRADO JR., Caio (1966). *A revolução brasileira.* 4ª ed. São Paulo: Brasiliense, 1972.

SAMPAIO JR., Plínio de Arruda (1999). *Entre a Nação e a barbárie: os dilemas do capitalismo dependente em Caio Prado, Florestan Fernandes e Celso Furtado.* Petrópolis: Vozes, 1999.

_____ (2008). "Furtado e os limites da razão burguesa na periferia do capitalismo". In: *Economia Ensaios*, v. 22, n. 2, p. 69-98, dez. 2008.

SERRA, José & CARDOSO, Fernando Henrique (1978). "Las desventuras de la dialéctica de la dependencia". In: *Revista Mexicana de Sociología*, v. 40, número extraordinário, p. 9-55, 1978.

TAVARES, Maria da Conceição (1981). "Problemas de industrializacion avanzada en capitalismos tardios y perifericos". In: *Economia de America Latina*, Cidade do México: Cide, n. 6, p. 21-42, 1981.

_____ (1985). *Acumulação de capital e industrialização no Brasil.* 3ª ed. Campinas: Ed. Unicamp, 1998.

_____ (2000). "Subdesenvolvimento, dominação e luta de classes". In: TAVARES, Maria da Conceição (org.). *Celso Furtado e o Brasil.* São Paulo: Fundação Perseu Abramo, 2000.

TAVARES, Maria da Conceição & SERRA, José (1971). "Além da estagnação: uma discussão sobre o estilo de desenvolvimento recente do Brasil". In: SERRA, José (org.). *América Latina: ensaios de interpretação econômica.* Rio de Janeiro: Paz e Terra, 1976.

TOLEDO, Caio Navarro de (1998). "Intelectuais do Iseb, esquerda e marxismo". In: MORAES, João Quartim de (org.).

História do marxismo no Brasil. v. 3. 2ª ed. Campinas: Ed. Unicamp, 2007.

TRASPADINI, Roberta & STEDILE, João Pedro (2005). "Introdução". In: TRASPADINI, Roberta & STEDILE, João Pedro (orgs.). *Ruy Mauro Marini: vida e obra.* São Paulo: Expressão Popular, 2005.

Agradecimentos

AO PROFESSOR PLÍNIO DE ARRUDA SAMPAIO JÚNIOR, pela orientação rigorosa sem a qual este trabalho não teria sido possível, e com quem contraí uma dívida intelectual imensurável.

Aos professores Caio Navarro de Toledo, Carlos Brandão e José Carlos de Souza Braga, cujas críticas e observações, seja durante a qualificação, seja na defesa da dissertação, não apenas permitiram enriquecer e aprimorar o texto, como ainda abriram perspectivas não vislumbradas de antemão. Tanto eles quanto o orientador estão eximidos dos erros e imprecisões que porventura ainda persistem no trabalho, e que se devem única e exclusivamente à teimosia do autor.

Aos amigos Artur Cardoso, Charles Lourenço, Luís Gustavo e Manuel Ramon, que nunca se furtaram ao mais franco dos debates e embate de ideias, e que se fizeram presentes, senão em todos, ao menos nos momentos mais cruciais do prolongado labor intelectual que desembocou nesta dissertação.

E à minha família, pela devida paciência para com quem vive as atribulações do labor intelectual e de suas preocupações teóricas e políticas.

Esta obra foi publicada em Santa Catarina no verão de 2012 pela Nova Letra Gráfica & Editora. No texto foi utilizada a fonte ITC New Baskerville, em corpo 11 e entrelinha de 16 pontos.